▲ 爸爸、妈妈在上海浦东机场为鑫安送行

▲ 生命中第一幅自创油画——《我的爸爸》

◀ 鑫安与提供奖学金的加拿大 Aileen McConnell 奶奶在一起

▶ 鑫安向国际著名环保主义者珍·古道尔介绍他们的环保社

▲ 2022 年在完成的树幢下与团队合影

▲ 鑫安在纽约总督岛与树幢作品合影

▲ 夏天在布鲁克林大桥边骑车

▲ 在 2022 年曼哈顿中国城创作作品的过程中

孩子，妈妈陪你慢慢长大

·典藏版·

吴文君 /著/

電子工業出版社
Publishing House of Electronics Industry
北京·BEIJING

图书在版编目（CIP）数据
孩子，妈妈陪你慢慢长大：典藏版 / 吴文君著 . —北京：电子工业出版社，2023.8

ISBN 978-7-121-45720-3

Ⅰ. ①孩… Ⅱ. ①吴… Ⅲ. ①家庭教育－通俗读物 Ⅳ. ① G78-49

中国国家版本馆 CIP 数据核字（2023）第 109310 号

责任编辑：杨雅琳　　文字编辑：刘　晓
印　　刷：三河市君旺印务有限公司
装　　订：三河市君旺印务有限公司
出版发行：电子工业出版社
　　　　　北京市海淀区万寿路 173 信箱　邮编：100036
开　　本：720×1000　1/16　印张：18　字数：230 千字　彩插：1
版　　次：2023 年 8 月第 1 版
印　　次：2023 年 8 月第 1 次印刷
定　　价：78.00 元

凡所购买电子工业出版社图书有缺损问题，请向购买书店调换。若书店售缺，请与本社发行部联系，联系及邮购电话：（010）88254888，88258888。

质量投诉请发邮件至 zlts@phei.com.cn，盗版侵权举报请发邮件至 dbqq@phei.com.cn。

本书咨询联系方式：（010）88254210，influence@phei.com.cn，微信号：yingxianglibook。

再版序

吾家有女已长成

时隔五年，又一次在电话中听到女儿用她沉静的声音告诉我："妈妈，中了！"我恍如回到五年前她被世界联合书院（United World Colleges，UWC）加拿大分院——皮尔森学院（Pearson College）录取的那天，一切都惊人地相似！那时也是春天，也是下午，她也如今天一样接受专家的面试和考核。不同的是，现在的她已成熟很多！在纽约的三年，她在读书生活中享受着艺术的熏染和创作的快乐！玩得好，吃得好，学得好，生活得好，并且越来越明确自己进行艺术创作的目标，以及从事戏剧舞台设计的发展方向。她作为唯一一个被某剧团聘用的大三在校生，独立担当了新戏的舞台布景师。她在对自己生活负责的同时，又放松且自在。她刚刚拿到今年暑假去牛弓艺术学院（Ox-Bow School of Art，位于美国密歇根州沙迦塔克市）进行为期三个月的艺术创造的奖学金项目。

届时她将在满布原始森林、沙丘、潟湖及历史建筑的景致中，与来自美国12所艺术高校的12名优秀学生一起，在各自的工作室中进行独立艺术创作。这项在全美艺术高校中最受瞩目的“在学MFA进驻计划”，是硕士研究生以上水平的艺术家与周遭环境、社群、艺术工作者激荡艺术火花的宝贵机会。她这个纯艺专业的大三学生，能代表纽约普瑞特艺术学院（Pratt Institute），与她一直仰望的罗德岛设计学院（Rhode Island School of Design）的高才生同行，难免会有点小激动，她戏称“离自己的艺术家之梦好像更近了”！

是的，当她考入普瑞特艺术学院后，一向低调的她总会在不经意间用“艺术家”这个称谓，她内心的目标和渴望就这样不可阻挡地流露了出来。

一转眼，《孩子，妈妈陪你慢慢长大》已完成写作五年了，初版面世也已四年多了。在这几年里，我收到了很多读者的邮件、信件、微博私信和微信留言。总有读者好奇我的女儿现在发展得怎么样，他们渴望持续了解当年那个小女孩与妈妈的关系，了解她的生活。正巧有这次再版计划，编辑让我再写一篇序，以回馈读者。

在此，我简略地补录了四五年来发生的大事：我的女儿在皮尔森学院读了两年书，毕业后考入普瑞特艺术学院，成为一名纯艺专业学生。

她很少用微信和QQ，她掌握着用FaceTime联系我们的主动权，频率大约是每半个月一次；校长寄来的成绩单让我们知道她拿到了3.93分的综合学分（满分4分）；我们也感受到了她在自己的画作被老师点评、展览时的紧张和兴奋；也知道她一个人独来独往，通过老旧但四通八达的地铁去触摸被称为“艺术家天堂”的纽约。

她很忙，时间被以小时为单位列入计划表。让她感到好奇的事情太多，她要么用最复杂烦琐的图案、线条，把自己定位在画室中不厌其烦；要么在寒风中去剧院排队，希望买张便宜的戏票；要么去剧院做义工，或者做登高、爬梯、电焊都会的剧务，欣喜地学习做舞台布景所需的基本技术；要么一个人旅行，体验海、陆、空各种交通工具，去美国东部和南海岸过圣诞，去冰岛农家做牲畜饲养员……如此丰富的生活装点着她的青春年华，她借助网络搞定自己的学习和生活，充满热情和喜悦地过着自由自在的孤独生活。

五年来，我们陪伴她的方式已改为视频通话中的倾听和每年假期短暂的相聚，慢慢地，陪伴她长大已成为永远的过去式。她以不寻常的方式影响和带动着我们，也影响着国内越来越多的孩子和家庭。今天再写序言，我竟然找不到陪她成长的素材，“蜂拥而至”的是她帮助我们、影响成年人成长的很多故事。

四年前，当我开始为青春期的孩子们开设“唤醒内在智慧生命动力营”的课程时，女儿就义不容辞地成了我的老师、助手、助教、场务总监、采买员、订餐员、课程宣传的设计师。她在晚上为孩子们讲课，教孩子们玩画、玩生活中的艺术，分享学习英语的秘诀，分享美国的艺术慈善——欣赏关于“和平与爱”的各种艺术形式。

不知不觉间，她成了孩子们的偶像——学艺术，学英语，做公益活动，学习高雅地、有创造性地玩的偶像！她被一班又一班的孩子们追随，点燃了很多孩子内心被压抑的梦想，成了孩子们和成年人了解更宽广世界的桥梁。

这些年，我越来越忙，带领一群志同道合的伙伴们，以唤醒者——幸福四通道家庭导师的身份，开通网络公益学院。通过到全国各地公益巡讲，我们为更多渴望成长的人提供有效的课程，把幸福家庭的种子播撒到更加广阔的空间。

女儿早已独立，不再需要我的陪伴。我能做的就是，做自己生命中最重要的工作，把自己喜欢做、擅长做、可以为他人服务的事做得更好，让女儿看到一个每天都在学习和成长的妈妈，看到一个照顾好自己的同时为他人服务，且精神富有、心灵年轻的妈妈。女儿用成长激励我们，我们用成长陪伴女儿，一家人用真实的生命状态，彼此支持，相互影响！

2015年寒假，女儿第一次回来过圣诞节。在二十天里，她细心地照顾生病的我，为我们做一日三餐，还用她特有的柔软，做我和她爸爸的开心果，让家中充满了欢笑和温暖！返校前，她从网上买了磨刀石，把厨房里十多把大大小小的刀全磨了一遍，从此，我们使用了几十年的钝刀变得锋利！每当享受快刀切菜的快感时，我们都会不由自主地想到女儿。唉！想不到她会用如此独特的方式陪伴我们！

在写这篇序言时，窗外是苏州桃红柳绿的春天，这是一个最适宜播种的季节。但愿本书能满足关心女儿成长的读者的需求，能有更多的朋友加入我们共同播撒幸福家庭种子的队伍。我们同行，好吗？我们分享更多幸福家庭的故事，分享更多孩子与父母共同成长的故事，好吗？

春天，约起！

2016年3月28日　苏州

又序

这本书的典藏版，交由我的老朋友——电子工业出版社出版了。此时再次写序，正是女儿在美国纽约市立大学亨特学院（Hunter College）准备艺术硕士毕业展的时候。她忙得不可开交，从前期布展策划到开展的两个多月里，始终处在兴奋而喜悦的状态中，我们只能通过她忙里偷闲发在群里的照片了解一二。

艺术作品展览是艺术家创作成果和成就展示的表达。女儿为期四年的硕士生涯（因疫情休学一年）终于告一段落。此次她的毕业作品主题是，在中国为全世界做“世界工厂”的背景下，探索全球化影响下各国贸易与文化的互融。呼唤真正的理解与尊重，是隐含在作品背后的深义，也是她作为艺术家，对于周围社会环境的反馈。展览大受欢迎，许多老师、同学、画廊策展人都流连忘返，直接参与到这一系列话题的讨论中。

作品的深度和厚度，已彰显女儿在思想和艺术表达上的成熟，也真切地展现了她七八年来专注于艺术创造和表达的热情与勤奋。她的生命就在创作中不断地延伸，也激发着她源源不断的潜能。她手头总是同时进行着三四项工作，她也习惯了为不同展览创作作品。每个展览都是她内心丰富世界的表达，也是她对这个世界爱的诉说。这就是行走在个人风格形成之路上，我们已经成熟的女儿。

这本书最初写作于2012年4月，那时是她去加拿大读高中的一次送行。第二版发行于2016年3月，到今年，已经横跨整整十一年了。这十一年，是女儿在外读书的十一年，也是她从一个青葱少女真正长大成人的十一年。

这本书见证和记录了她的成长，也陪伴了很多读者朋友们。最初读这本书的孩子们，也已经长大成人了。鑫安姐姐曾经是很多孩子成长的偶像，也是很多父母赞叹的一种特殊生命状态。从妈妈陪孩子慢慢长大，到女儿陪爸妈慢慢变老，这份陪伴是我们亲情的写照和记录，也是我们家庭发展的简略缩影。

值这本书再版之际，我把六年来女儿成长的轨迹补写成第九章，她已经从学生转身为职业艺术家，供职于纽约著名的艺术档案馆，同时还继续进行着她的创作。属于她的新旅程开始了，我们将继续陪伴和见证她的成长。

深深地，祝福她。

2023年2月23日

推荐序

吴文君老师发给我一本关于她陪伴女儿成长的书稿，希望我为她写序。我看了，觉得很好，就把它推荐给马百岗先生。

吴文君老师与她的先生冉宪海老师都是我的好朋友。我于2002年认识吴文君老师，当时她是苏州一所学校的心理老师，她很认同我的学问，从此走上了与我一同传播这些学问的道路。与很多当代的中国人一样，冉、吴两位老师的成长很不容易。他们两位都是真诚实在的好人，身上有中国人传统的优良美德：老实、踏实、真实地为人处世，同时心中带着爱，不停地与人分享。我研发的一门亲子关系导师训练课程，从2006年开始由吴文君老师讲授。这门课程改变了很多母亲与亲子讲师的人生。吴老师讲得比我还好，因为她每天的工作都围绕着老师、家长与孩子。

这本书主要讲述了这个妈妈如何帮助女儿冉鑫安走到17岁。虽然我觉得鑫安很优秀，但她在学校并不特别显眼——成绩不拔尖，也不是干部，甚至有点内向，有点“宅”。可是，2011年，加拿大的皮尔森学院给了中国两个全额奖学金的名额，鑫安就是其中之一，也是苏州市唯一的入选者。拿到一份奖学金，并不是什么大成就，但鑫安不是神童，她的经历很平凡，也正是因为这样，我才觉得吴文君老师为她女儿做的事特别有意义，值得国内的父母学习。

“望子成龙”伤害了很多孩子，影响了亲子关系，改变了父母该有的轻松、满足、快乐的生活。希望孩子是天才，为了让孩子更优秀而不断给孩子施加压力，甚至揠苗助长，这些想法和做法对孩子的伤害极大。让孩子健康、快乐地成长，比所谓的优秀更有意义。带着满足、感恩、自信和爱度过每一天，这才是孩子有效的成长方向。

几年前，我就发现鑫安是个与众不同的孩子，她有几个特点：第一，她很少说话，但很有思想，表面看起来内向，实则清楚地知道自己想要什么、能做到什么。第二，她不像大部分女孩子那样爱漂亮，在打扮上耗费时间，当然她很爱干净。她更在乎能否得到别人的尊重，说话做事始终守着这个界限。第三，她很有力量，有自己的主意，会主动争取想要的东西。第四，观察与内化的能力很强，这一点从她的画与印章中可以看到：线条虽然简单，但表达的意思很深。几年前，我就提醒吴老师：也许你的孩子在艺术方面很有潜质。

鑫安曾经提过她的一个梦想：在美国的农场里晒太阳。基于女儿的梦想，吴老师帮助女儿一步一步地创造她的人生：学好英语，学好其他学科，多参加活动，学会与别人交流。吴老师夫妇都喜欢看书，鑫安也养成了爱看书的习惯，小学时期就一天读一本书了。母亲与女儿无话不谈，平等讨论。吴老师鼓励女儿完成自己的事，也愿意放手，但也会提醒女儿要承担后果与责任。正因如此，鑫安的知识面得以不断扩充和丰富，思考也更加有广度和深度。吴老师夫妇认为，这也是鑫安在世界联合书院的选拔赛中胜出的重要原因。冉老师与吴老师都有自己的事业，每天的工作都很忙，并没有把全部时间放在女儿身上，但他们放在女儿身上的时间非常有效。如今，很多父母花了很多时间陪孩子，为孩子做了很多事，但与孩子的关系并不理想，孩子的学习问题让人头疼，孩子的心智发展更让人担忧。在这本书中，吴老师提出了很多更省劲儿、更省时且效果显著的教子方法，值得学习和借鉴。

我们不知道鑫安以后会怎样发展，吴老师夫妇也没有为女儿设限（目标也是一种限制），可是，我可以很有信心地说，鑫安以后的发展会更高、更好、更成功、更快乐，因为她具备所有的条件与能力。想把孩子训练成天才或伟人的父母，这本书不适合你；希望孩子有快乐的人生、过得轻松满足的父母，这本书不容错过！

李中莹

李中莹：因把NLP完整地介绍到国内，而被誉为“华人世界的国际NLP大师”。他发展出大量独到而实用的思想和行为技巧，可以有效地帮助一个人培养良好的心理素质。同时，李中莹先生在心理治疗方面的造诣颇深，尤其是在运用NLP技巧引导人们快速提升身心健康方面，不仅享誉国内心理界，他还得到欧洲国际心理治疗大会的肯定。

前言

女儿小时，我就有一个心愿：要给她写一本书，记录她成长的过程，为她留下成长的回忆。从她出生起，我就开始为她写成长记录，也录过几段录像，拍过一些照片，但写书的计划并没有真正实施。

2011年3月，女儿参加世界联合书院的面试且入选，并于当年8月底远赴加拿大，开始她的留学生活。女儿面试成功，许多人都为我们高兴，并给予我们无数的祝福，让我们体会到陪伴孩子成长的快乐。与此同时，很多朋友催促我分享我跟女儿的故事，盛情难却，我便利用课堂、朋友小聚或电话、微博进行分享。不过，大家感觉还是不够，他们催促我把女儿成长的故事写成书，分享给更多有需要的父母。以往我在课程中偶尔分享的陪伴女儿成长的故事，一直被大家相互转述，也有朋友催我将这些整理成册。在这种情形下，我想是时候静下心来整理女儿成长的故事了。

女儿冉鑫安是我们的第三个孩子。第一个孩子出现在我们刚刚结婚、各种条件都不具备时，我们还没有准备好迎接一个孩子的到来，无奈之下选择了人工流产。第二年同一时间，又一个孩子来到我们家，我们渴望留下这个孩子，但不足两月就自然流掉了。

1993年，经过充分的准备之后，我们开始期待新生命的到来。1994年4月27日，在北方一场大大的春雪之后，女儿冉鑫安来到了这个世界，从此我便开始了与她相伴成长的经历。这本书记录了女儿17年成长经历中的一些重要琐事、我自己的成长、女儿带给我的诸多惊喜和礼物等。与其说这本书是“女儿的成长故事”，不如说是“亲子共同成长的故事”。

2002年，我的生活处在极大的压力之下，女儿的焦虑、紧张状态给我提了个醒：不能让女儿重复我的命运，要让她过轻松快乐的人生。这个信念推动我走进了李中莹老师的“简快工作坊”，开始了一段重要的人生历程，开始了学习做妈妈的过程，开始了成为亲子导师的成长过程，亲子培训成为我热爱的事业。

在这本书里，我用故事和案例记录了女儿和我的成长，这是我们生活的自然记录，没有修饰，没有掩饰。我想真实地呈现我眼中的女儿和我自己的酸甜苦辣——一个普普通通的中国家庭中的亲子故事，一个每天都在成长和变化的妈妈和女儿的寻常故事。希望打开这本书的你能从中看到自己的影子，看到改变的可能，看到改变后的不同和希望；希望它能带给你一点启发，让你感受到一些爱的光，让你相信生命和成长，也帮你增强与孩子共同成长的信心和力量。

我也整理了女儿的一些文字和她创作的作品，这些文字和作品是她自发行动的成果。不管是作为环保社的一员，还是刻图章，或者是画漫画、玩摄影，她用这样的方式感受着美和快乐，表达着内心的某种心声和愿望。她没有看这本书，她说这只是我眼中的母女关系，并不能代表真正的她。她不肯写什么，我就用她的作品代表她的某一部分。当然，这些并不能代表她的全部，处于成长中的她每天都有变化。

这就是我写的关于女儿和我的书。我写这些，只为记录女儿成长的17年岁月，只为纪念我与女儿相伴成长的17个春秋，只为记录女儿成长过程中我的所看、所听、所思、所行。这是我在女儿出国后对我们共同回忆的一次整理，也是我跟好朋友在烛光下的一次夜话分享。

如果这本书能为亲子导师提供更多的分享案例，让亲子导师在自己的亲子关系及亲子导师课堂里有更多精彩的发现和体会；能激发更多人分享亲子故事，创造出更多版本的亲子成长故事，那将是非常令我开心的事。

女儿已经远行，去一个陌生的地方开始新的旅程，这是完全属于她的经历，我们无法再为她遮风挡雨，她早就等不及检验、锻炼自己的能力了。尽管不舍、无奈，我们还是微笑着送她启程。转眼之间，女儿外出求学已近一年。在这近一年的时间里，女儿通过网络和电话向我传递她在外学习、生活的信息，让我未出国门就开了眼界。同时，我又把这些信息分享给更多的学员、亲友，让她“为这世界做些什么”的心愿落地，并在更大的空间里播撒和延续。她主动承担起桥梁和纽带的作用，而我则享受和传播她的体验，在这种互动的过程中，我们互相推动着，共同成长。

再回首，感恩我的父母给予我的一切，感恩我的公公、婆婆给予我先生的一切，让我们有如此多的力量和如此多的爱，养育了一个独特、有力量、有爱的女儿。女儿的肩上洒满了所有爱她的亲人和朋友的祝福与支持，她有资格活出属于她自己的、精彩而独特的人生！

站在女儿身后，我们祝福她，永远陪伴和支持她！宝贝，我爱你！我们祝福你！

文君

2012年3月1日于苏州

目　录

第一章　不设限
孩子比你想的更优秀

第二章　放手　让孩子成为她自己

第三章　你相信什么　孩子就能成为什么

第四章 你的爱 要让孩子看得见、摸得到

第五章 给孩子空间 她就能创造奇迹

第六章　妈妈才是需要改变的人

第七章　我向女儿学习什么

第八章　读大学，逛纽约

第九章　会玩 才会创造

附录

第一章

不设限
孩子比你想的更优秀

很多人宁愿生活在痛苦之中，也不愿解决自己的问题。

——伯特·海灵格

家庭系统排列大师

Many people prefer to live in pain than to have their problems solved.

— by Bert Hellnger

The Family Constellation Master

冉安鑫 / 译 / 绘

上学是孩子自己的事

当孩子把上学当成自己的事时，父母得到了解放，孩子也能自得其乐地享受自己学习的过程。

2000年，女儿要上小学了。上学前，我帮她买了书包，也准备好了文具。

我跟她聊："你马上就是小学生了，这证明你长大了，我们很高兴。上学是你自己的事情，学得好不好，都是你自己的收获和成绩，跟爸爸妈妈没关系。学得好，得到了奖励，说明你的能力和努力有了效果；学得不好，但如果你愿意体会那种挫败的感觉的话，我们也尊重你。所以，从今天开始，我明确地告诉你，上学是你自己的事，你要学会自己照顾自己，爸爸妈妈只会祝福你。虽然妈妈是心理老师，有点儿名气，可是，我心里明白，我不会因为你成绩好而感觉脸上有光彩，也不会因你成绩不好而觉得无脸见人。妈妈相信你有对读书的兴趣和爱好，一定会做好上学这件事情的。"

不知道女儿是否听懂了我的这段话，但此后，整理文具、检查作业、上学考试等所有与学习有关的事情，我们通通交给女儿自己安排。此外，我们家就住在学校附近，女儿上学不需要过马路，我们太忙也没有时间接送她，在她第一天上学时把她送到学校门口后，就再也没接送过她。我们也没帮她检查过作业，没帮她削过铅笔……

由于从小看书多，她从上学开始就很喜欢学习。开学没几天，她就能熟读、熟背语文课本中的很多内容。学拼音对她来说是一件很困难的事，因为她是通过汉字来猜拼音的。数学是她的弱项，我也没给她做过任何训练。我内心有坚定的信念：爱读书的孩子一定会学得好。因为太忙，我根本顾不上她。我一般早上7点就出门了，那时女儿还在梦乡中。起床后，她要自己热好饭菜。我下班时已经是晚上六七点了，至于她几点回家、跟同学去哪儿玩了，我认为都是她自己的事。小区里有她的同学，楼下有一个和她同班的同学。女儿又高又大，那个女孩儿瘦小玲珑，两个小女孩儿在一起，是很好玩的组合，她们相互做伴，我们很放心。

出门看雨，连夜作画

让孩子感到快乐的，与其说是那些白天或晴天发现不了的景致，不如说是孩子的独自探险、独自寻找和独自发现。

女儿有了自己晚上走路回家的经历后，我们开始相信她，给她更多空间，让她去探索。话虽这样说，但每次遇到事情后回想，还是有些后怕。有一年夏天的一个晚上，雷雨交加，在家里就可以听到肆虐的风雨声。9点多，女儿说房里很闷，想出去走走。当时，我手头正忙着什么，不能陪她去，就顺口说："哦，去吧，早点回来。"

她说："好的，我转一个小时就回来，我要出门去看看雨。"

等我忙完自己的事情，已经10点了，我才意识到自己做了一个很冒险的决定：这么晚了，还风雨交加，她一个人在小区里转，会不会碰到什么呢？小区房子稀疏，人也少，晚上的路灯都很暗，会不会有什么东西吓着她？我越想越怕，甚至有点慌乱。

我让先生跟我一起去找，他说："这么大的小区到哪儿去找？没事，她一会儿自己就回来了。"他不陪我去，我一个人也有点害怕，只好坐在家里等，脑海里不断地浮现很多可能发生的可怕事情。比如，漆黑的地方突然跳出一个人，或者某家门口突然狂叫的狗……

我就这样心里七上八下地等着，焦虑得直在房间里打转，同时又竖着耳朵听走廊里的脚步声。

直到快11点，我才听到女儿特有的脚步声从走廊传来，我冲到门口打开房门，看到女儿那张充满惊奇、红扑扑的脸。

"妈妈，我有了很多惊奇的发现！我看到了一处特别特别美的花。哇，在路灯下，美得不得了！还有一丛很特殊的叶子，在路灯的照耀和雨水的浇灌下显得特别美，我从来没见过那么美的叶子！"她大着嗓门跟我述说她路上的所闻所见，一副万分欣喜的忘情状态。

我的心终于落了地，也被她的情绪感染，开始附和她，并询问更详细的情况。女儿脱下已经潮湿的衣服，坐下来手舞足蹈地描述她走过的路线和新发现。那些发现都是白天或晴天发现不了的，那些特殊的景致让她心情大好。而我也明白，她独自探险、独自寻找、独自发现的快乐是她更大的“快乐源”。听她讲，我心里的恐惧慢慢淡去，也开始好奇：路灯下那束最美的花是什么样子的？如此风雨交加的晚上，她一个人走在小区里是什么感觉？是真的没有恐惧，还是探奇的热情战胜了恐惧？我问她：“有没有见到巡夜的保安，或者哪一家突然走出一个人？”

她定定地看了我一眼，说：“你真莫名其妙，哪有那么多可怕的事情！”我知道是自己的恐惧在作怪，沉浸在自我探寻的乐趣中的她，会赋予一切美好、神秘的色彩。

讲完后，她满脸热情地望着我：“我带你去好不好？我带你去看看那些很别致的景色好不好？”

已经很晚了，我也有些困了，但女儿那么热情地邀请，我实在不忍拒绝。我知道这份美好的感觉是最宝贵的，支持她、陪伴她、跟她一起享受这个过程，也许是对她最好的肯定。

犹豫了一下，我还是答应了，跟先生打了一声招呼，我们两人便各撑一把伞又出门了。作为向导，她带着我循着刚才的路，展示她在每个地方的惊奇发现，路灯下雨中的花、草和树。她观察的角度很独特，都是需要弯下腰、转过头才能看到的别致景致，难怪在白天里、晴夜中看不到。

我像个孩子一样跟在她身后，被她拉着跑来跑去，找来找去，由她引导着去看这个熟悉的小区里的树和花，还有那尊雕塑。她引导我从孩子的视角观察这个世界，观察在成人眼中不该出门的夜里看到的一切。

有些景致我能感受到独特和美妙，而有些我却看不出有什么不同。我如实地表达，不过总引来她的不屑。我们一路走走停停，直到把她发现的每一处景致都看完，她才心满意足地带我回家。

回到家里，我们两个又拉着先生，向他描述我们共同探险的经历。先生有些羡慕，同时又忍不住说："两个疯家伙。"女儿越来越兴奋，这时已经快12点了，我们实在太困了，可她却说睡不着，她要创作。我们跟她商量半天，她还是坚持自己的决定，我们只好先睡了。她一个人坐在过道里，找来颜料、画纸开始创作。

不知道她弄到什么时候，第二天早晨起床后，我看到过道里摆着好几幅画。那是她印上去的脚印，38码的大脚印在几张纸上：红的、绿的、蓝的、黄的。奇妙的是，脚印已经变成一幅幅有创意的画，或是在每个脚趾上画上不同的图案，或是在脚掌上画上不同的图案。最奇妙的是，有一幅画将三个脚印凑在一起，在三个脚印上分别画着一男、一女、一个孩子的图像，她把这幅画命名为《一起看世界》，或者叫《行走》，描绘的是一家三口共同行走的场景。我看着这些画啧啧称奇。我感动于她以如此大的热情和激情观察生活，认真地表达她对生活的理解和感受。这是多么宝贵的状态啊！也许她牺牲了睡觉的时间，也许她感受到了风寒，可这些与她得到的快乐和兴趣相比，又算得了什么?

她起床后，我请她给我讲每幅画的含义。她指着黄色的脚印和脚趾上那些小鸡说：这是鸡妈妈带着鸡宝宝去探险。每只小鸡因为脚趾大小不同而显得憨态可掬。她内心竟有这样美好的画面，而她又能如此形象地将这些画面表达出来。

她又指着另外一幅蓝色脚印画说，这是“夏夜的星空”。这幅画有点儿像名画《星空》，渲染得很是深邃沉静，同时多了梦幻的感觉，比那幅“星空”更有活力。

还有一家三口的图画，她说是“带着我们的脚印去远行”。她指着图画说：“这个是爸爸，这个是妈妈，这个是孩子。”她讲得头头是道，非常沉醉。

独自外出是最好的生存教育

孩子很享受独自探索、独自做决定的过程，因为这会让她品尝到自由成长的快乐。

2006年五一期间，我要到宁波去讲课，女儿也想去玩，于是就跟我一同到了宁波。玩了两天，就到了我开课的时间，但她却吵着要回家看书、写作业。开课时间没办法更改，最后我决定让她自己回家。我帮她买好车票，她一个人坐火车回家了。这是她第一次独自乘火车旅行，这一年她12岁。

同年暑假，她陪同我去成都讲课，她不愿意跟我去课堂，一个人待在住的地方又无聊，就一个人出去逛。她找到一家很喜欢的动漫店，还跟那里的老板建立了融洽的关系，甚至帮他介绍相关的书籍和光盘。我白天去上课，她就一个人去逛街，逛动漫店。

有一天，有位来自北京的学生问我："吴老师，您的孩子在哪里？"我说："她去逛街了。"

这个有两个女儿的妈妈瞪大了眼睛："什么？您是说她一个人去逛陌生的成都？"

我说："是啊，那又怎么样？"

"天哪，您怎么放心？您不怕她遇到坏人？您不怕她遇到危险？"她一连串儿甩出一大堆问题。我笑了："我的恐惧前几年就已经解决了。我知道她能够照顾自己，所以我现在没什么好怕的了。"

她没办法理解我的这些话，我也没有更多时间告诉她更详细的情况。事实上，我每天回到住的地方，女儿都会向我炫耀她一天的探索和发现，看了哪些书，遇到哪些人，有什么样的感受。她享受一个人探索的乐趣，而我也享受一个人去讲课的过程。我们两个都能照顾自己，这是很美妙的过程。

2008年，我陪她去云南旅游。本已计划好行程，但我接到省教育厅的通知，需要立刻赶到四川灾区做心理援助，不得延误。于是，我只好让她自己从昆明回苏州，而我则从昆明直接飞往成都。我的飞机是上午的，她的火车是下午的，我拜托朋友把她送上火车。

我给她安排的行程是：从昆明到上海南站，再从上海南站转上海站，买车票回苏州。可是女儿却比我计划的时间提前到了家。因为她在火车上听到邻座旅客说：最快捷的路线是在嘉兴下车，从嘉兴火车站转嘉兴客运站，坐大巴回苏州。当时她没有带手机，借了邻座旅客的手机，跟我简单地联系后，就按照这样的路线自己安排了行程，自作主张地回到了家。

提前半天回到家，她的爸爸和外公喜出望外，她很得意，我们也很欣慰。在长途旅行中，她可以学习跟其他人沟通，从其他人那里获取信息，并且知道如何借助各种有效的资源，更快地达成目标。这是她在旅途中非常重要的收获。

有了这些旅行的经验，2009年中考结束后，她要求回内蒙古老家探亲兼旅游时，我们都很支持。她约了最好的初中同学茅佳扬，两个人一起回内蒙古林区。买不到飞机票和卧铺票，两个孩子就从苏州站到齐齐哈尔，站了12小时。

女儿从小跟我们跑来跑去，习惯了这样的无座之苦，而茅佳扬是第一次出远门，这样的“待遇”对她来说是非常大的挑战。出行前，茅佳扬的爸爸妈妈多次打来电话，表现出担忧、恐惧的情绪，我一再安慰：“没事的，她们身体好着呢！再说两个人做伴没问题的。”

我们很放心地把她们两个送走，后来才得知茅佳扬的父母提心吊胆了一路，直到她们安全抵达才放下心来。

两个孩子到齐齐哈尔后才有了座位，然后直接坐到了满洲里。跟当地导游取得联系后，第二天就到草原上参加了一日游。然后又到了海拉尔，从海拉尔坐火车到根河。在那里，她们俩受到3个姑姑和奶奶的热情款待。那个季节正好是内蒙古林区的雨季，每天不停地下雨。

两个孩子每天闷在屋里，要么看书，要么看电视、聊天，然后就是每天到外面的浴室洗澡。姑姑们不明白："天天下雨，哪里有那么脏，要天天洗澡？两个孩子还各占一个浴室。"她们只是把这些疑问埋在心里，尽其所能地招待两个孩子，带她们到林区最深处的莫尔道嘎玩漂流，吃山珍野味。

她们在那里住了一个多星期，又转道海拉尔坐飞机回苏州。从海拉尔火车站下车后，她们打了一辆的士去机场，司机没有打表，多收了十几元钱，两个孩子记下了司机的车牌号，下车后给当地的110打电话报了案。

一个多小时后，司机气喘吁吁地赶回来给她们还钱，两个女孩子欢呼雀跃，她们为自己如此有胆量和勇气维权并获得成功而激动。

司机很无奈，摇着头说："唉，这两个孩子惹不起。"

从海拉尔飞到上海浦东机场，茅佳扬的爸爸妈妈去接她们。我们从外地讲课赶回来时，女儿已经回家一天了。

在这趟自助行中，女儿收获了成长，在和朋友、亲人、外界相处方面感慨颇多。这份初中毕业礼物对她来说有着特殊的意义。

很多朋友听我讲女儿这段旅程时都觉得不可思议，他们惊讶于我们如此放心大胆地送她出去，同时也对女儿如此能吃苦感到不可思议。对于朋友们的这些感慨，我内心总有一个声音："这有什么？现在孩子们的生活条件比我们当年要好得多，她们这是在锻炼处理各种突发事件的能力，是更高消费的一种学习。也正是因为有了一次次独自走天涯的经历，现在女儿去哪里我都不会担心。"

后来，她带着同学去上海参加社团活动，一个人去上海做出国体检等，都是轻松平常的事。她很享受一个人去上海福州路逛文化书店的感觉，也喜欢自己做决定：到底是在麦当劳吃汉堡，还是找家兰州拉面馆吃面条。她享受自己做决定的快乐，远远胜过一个人出门的孤单或寂寞。

2011年8月底，她要去加拿大留学，当时所知，苏州只有她一个人前往。我开始纠结是否要送她，而她则坚决表示反对，她很憧憬一个人越洋旅行的过程，还要求早走几天，先把学校附近逛个遍。

斗争了好久，我还是决定不去了，让她一个人去。因为我知道，到了那个国度后，说不准是她帮我，还是我帮她。我英语不好，这会让我成为她的累赘。我一个人回来，反倒会让她担心。幸运的是，后来苏州、上海又多了两个同行的同学，他们三人结伴去了加拿大。一人闯天下的美梦被打破，她还有点儿不爽。就这样，女儿一次次尝试一个人行走的过程，一次比一次走得远，时间也越来越长，然后才有了长达两年的加拿大预科学习。

女儿对未来有很多憧憬和向往，而我们却在心里不断地算着日子，两年预科、四年本科，再加上可能读研，十来年的时间，她要一个人独自面对。经过如此多的历练，我们也越来越安心，越来越放心。回头看女儿17年来的成长之路，从蹒跚学步到跑步，到一个人走天涯，她比别的孩子更主动，走得更远。不管有多么不舍，我们也只能给她创造更宽广的空间，给予她更多的时间，带着祝福送她远行。

在这17年中，她的每一步都在为离开我们做准备。她的步伐越来越稳健，我们也越来越心安。

这就是一个孩子成长的过程：父母只能站在身后，看他独自走上生命的旅程，渐行渐远。

顺应天性去“追星”

对于懵懂期的孩子来说，偶像的力量能促使他完成对自己的定位，让他更好地成长。

到什么年龄就要做什么事，比如，孩子在幼儿时期用尿和泥，在青春期满大街追星……这就叫天性。孩子的体内有一股力量引导他们去探索世界，父母不必过于忧虑和担心，只需在顺其自然的情况下稍加引导，孩子便会在懵懂中找到前进的方向。对于孩子“追星”的行为，只要不出格，父母也无须过多干涉。

在女儿成长的过程中，她崇拜过很多偶像。周杰伦是她最早崇拜的偶像。当时，孩子们都喜欢周杰伦，大部分成年人却表示听不懂在唱什么，好奇周杰伦为什么会那么受孩子欢迎。

那时，女儿拿自己的零花钱买了第一张周杰伦的专辑，她对这张专辑百听不厌，也曾邀请我坐下来听，但我始终听不出个子丑寅卯。

直到有一天，她拉着我坐下来，让我静下心来看歌词。我被一句句优美的歌词打动了，开始对周杰伦刮目相看。这个年轻人深受传统文化的熏陶，很有才情，歌词优美且深沉，透露出深邃的思考和力量。

我开始接受女儿崇拜周杰伦。那年，周杰伦来苏州开演唱会，她执意要去，由于同行的还有她的几名同学和他们的爸爸妈妈，我便同意了。那天晚上她回来时已经11点了，嗓子都喊哑了，兴奋得脸上泛着红光，还买了张大海报，无比激动地和我分享他们是如何为周杰伦加油助威的。

虽然我没有身临其境，但我能想象那个场景：所有人跟随相同的旋律，一起欢呼，一起欢唱，那份疯狂和痴迷是真实的，是充满魅力的。

后来，她又在网上发现了另一位偶像，他身上有很多非大众化的东西吸引着女儿。女儿那时十一二岁，追星行为也许正是她内心变化的投射吧。我无法理解她为什么会被如此吸引。她在网上追踪他的消息，还加入粉丝创建的贴吧。有一次，女儿非常难过地对我说，这位偶像在上海的演唱取消了，他在北京的演唱会也受到了冲击，她对此愤怒、失望。她还几次要求到上海去参加他的歌友会等活动，但都被我委婉地拒绝了。

慢慢地，她的兴趣又开始转变，这次是受我的影响。当时，《士兵突击》这部电视剧正在热播，我痴迷于剧情，一集接着一集地看。这部电视剧体现的很多理想、积极的信念让我感动，那些积极的、活跃的年轻人形象也让我很受教育，我极力向女儿推荐。

她一般对我推荐的东西不置可否，还常常说我理想主义、幼稚、过时。对于我的这次推荐，她根本不买账。过了很久，她通过网上某些人的介绍，开始对这部电视剧有了兴趣。她还用自己的方式进入了“士兵突击吧”社群讨论区，她在那里见到了一群与众不同、充满积极力量的人，他们激动地讨论着剧情，用自己的文字续写《士兵突击》。

这些东西吸引了女儿，她也开始看《士兵突击》，开始喜欢剧中的李哲、班长史今，并以她的方式续写《士兵突击》。她从不让我看她写的东西，不过我知道，跟那些积极的、正能量的人在一起，女儿会受到积极的影响。

那段日子里，她放学回来后便会在那个吧里消磨很长时间，追踪帅气的李哲的新闻，访问班长的扮演者张译的博客……她比我更痴迷，可她从来没有喜欢过憨厚的许三多，她喜欢帅帅的男孩子。

我不知道她对《士兵突击》中的群体偶像迷恋了多久，但李哲、史今、袁朗等剧中角色的很多名言都深深地刻在了她的心里。

她常把“要淡定”挂在嘴边，把“不管怎样，我要坚持”当作生活中很重要的信念。

说来惭愧，在她参加世界联合书院面试之前，我跟她讨论人生、未来、世界，她说出来的都是这几个演员的话。政治老师和我平时传达给她的东西，并没有成为她生活的信条，这也让我看到了偶像的力量。

《士兵突击》伴随女儿度过青春初期那一小段岁月，是一件幸事。剧中正向、阳光、充满个性的男性群体形象影响了青春期的女儿；在懵懂期有成熟、富于时代感且个性鲜明的男性形象陪伴，影响了女儿对其他男生的认知，也影响了她与班级中男生的相处方式。

回顾女儿的成长经历，我很庆幸有《士兵突击》这部片子陪伴她，就像《烈火金刚》《红色娘子军》陪伴、影响我们一样。女儿在懵懂中完成了成长，完成了自己的定位："要做有意义的事。"感谢《士兵突击》！

"挫败和痛苦，请让我自己尝试"

孩子需要自我尝试，孩子的成长需要经受各种煎熬、压力和焦虑，父母要尊重他们，让他们用自己的方式去学习、去体验、去经历。

从小到大，女儿有很多独特的看法和想法，她说自己被同学称为"怪人"。她喜欢的东西、色彩，甚至对某个人的喜好，都跟其他同学不太一样。所以，同学都说她很怪，她似乎也很享受这样的评价。"怪"代表着她的独特性，代表着她的前瞻性，代表着她自成一体的审美观、价值观。这些独特之处也成为她和我之间比较大的差异，这也许就是人们常说的代沟吧。

她最讨厌的是随大流，不管是袜子或衣服，还是图书或电影，只要是大众喜欢的，她就不屑去接触。而她又总有办法把少数人接受的东西让更多人接受，这时她往往又开始转向了。跟她一起去买衣服，一般都是她自己做决定，她一般不认可我的审美，我也习惯了被她否定。

当她遇到麻烦和困扰的时候，比如面临中考前的紧张、数学方面的困扰时，做环保过程中遇到挫折时，甚至遇到晕车、怕毛毛虫这些问题时，作为心理咨询师的我本可以提供很多简单的技巧，帮她快速消除麻烦和困扰，解决问题。但是，她从来不允许我这么做。

她总是对我说："妈妈，你要让我自己去尝试、去摸索。"这句话明确了她的界限，也打消了我想让她走捷径的想法。最让我煎熬的是她中考前的那段日子。

其他父母是不知道怎么做，而我是没有机会做，有力气使不上。看得到她的焦虑，感受得到她的压力，但她情愿被这份焦虑和压力折磨，也不允许我为她做考前缓解焦虑辅导。我每天为很多校内外的考生做考前缓解焦虑的咨询、讲座，可回到家，我却无能为力。我试图劝她、哄她："既然你身边有一个可以为你做辅导的妈妈，为什么不利用这个资源让自己更轻松、更有效率呢？"她总是说："不要啊，这样不公平，我要用自己的力量去中考，其他同学又没有当心理咨询师的妈妈，他们不也过来了吗？"

急归急，我也只能什么都不做，最多在她身边给点提醒，她脸色一变，我还得马上停止。

有一天，我实在忍不住了，就对她说："求求你，妈妈每天都在帮别的孩子缓解焦虑，妈妈也很想为自己的孩子做些事情。你给我个机会，让我为你做点事吧。"

她看我一脸诚恳，无奈地摇头说："你不要再强迫我，我要自己尝试走这段路。”作为一位从事心理辅导的妈妈，我知道还得靠女儿自己去克服那些焦虑，我只能收起专业的理论和技巧，像其他考生的妈妈一样，焦虑着，紧张着。

正在我焦虑、紧张之时，有一天女儿突然说：“现在看你很真实，跟其他同学的妈妈一样了。”这好像是她对我的测试，她想看到真实的、跟其他同学的妈妈一样的母亲形象。她愣是把我逼成了这个形象。

我开始修炼自己，在家里不再是心理咨询师的形象，只是普通妈妈的形象。女儿逼着我相信她有能力面对中考，她有能力照顾自己。

煎熬的中考终于结束了。在这个过程中，我重获了更生活化、更自然态的妈妈身份。同时，我也学到了一点，那就是放弃想帮孩子走捷径、想让孩子少走弯路的想法。

女儿和所有中考考生一样，经历了一个完整的中考过程。从紧张焦虑地备考到应考，到等待出成绩，到知道分数后的失落，再到最后决定回园区校读书，她都真实地体验到了。

现在我才知道，她需要这个过程，她的成长需要这样的煎熬，需要这样的压力，需要这样的焦虑，需要选择，需要放弃，需要决策，这些都是她必须经历的心路历程。作为父母，我们只能尊重她，让她用自己的方式去学习、去体验、去经历，让她用自己的方式走人生路，学习相应的经验，获得相应的财富。其实，越能干的父母，越要懂得尊重孩子，退后一步，多一些聆听和陪伴。父母对孩子的控制源于对孩子的不信任，源于对自己未来的恐惧。控制源于习惯性的掌控和压制，而陪伴是给孩子空间，这也是对父母的一项考验。

经历了这个过程，我学会了尊重女儿。在她后来的成长过程中，不管遇到怎样的坎坷，只要她跟我沟通，我都会倾听，也会陪伴。很多时候，她只需要倾听、陪伴，不需要父母快速地把她带到所谓更好的状态。因为她需要体验，需要体验一个完整的过程。

有一段时间，我以为她是不习惯我为她做咨询，后来才明白，她只想看到一个真实的妈妈的形象，不想看到妈妈以咨询师的身份在家里工作的形象。孩子的期望也推动我慢慢地学习怎样做一个好的倾听者、陪伴者，一个在关键时刻伸出援手的人。

这是女儿成长和体验的过程，也是我磨炼自我和修炼自我的过程，更是我被女儿“修理”、学习尊重女儿的过程。在这个过程中，她越来越成熟，有了越来越多的体验和经历，也有了更多处理未知事情的能力。女儿用她足够强的力量将我这个比她拥有更强力量的妈妈推开，用她自己的方式走她自己的路。我感谢女儿教会我要尊重孩子，我也庆幸女儿有力量摆脱我对她的控制，从而有机会完整地体验生命。

孩子的每一步成长，都考验着我们对她的信任、陪伴和等待，促使我们修炼对生命的尊重和对界限的尊重。孩子不是我们的私有财产，而是一个完全独立的、独特的生命，有自己的价值、路径，她需要自己去尝试、去创造未来。

父母要做的事情就是学会放手，学会站在孩子身后。

感谢我的女儿，让我学会尊重，让我放下控制。

独立的孩子有颗坚定的心

孩子终有一天会走出父母的怀抱和视线，用自己的方式去探索世界，过自己的人生，父母虽有不舍，却仍要为之高兴。

她上初中后，我开始逐渐放手，让她自己做决定，也越来越少地要求她必须怎样、应该怎样。我总是让她看到眼前有多少种可能性，每一条路会给她带来怎样的资源和困扰，引导她客观地看待每一条路。一旦她做了决定，我便会给她提供帮助，让她充分获得自己做决定之后的所有体验。

2010年，我们请李中莹老师到苏州上演讲课。那时候她就要升高二了，也盼着上李中莹老师的课以提升自己的表达能力。当时，她是课堂里最小的学员——除了她、一个在读大学的女孩儿和一个将读大学的女孩儿，其余学员都是成年人。开课第一天，她也走上讲台介绍自己。看到她的淡然和从容，大家都很欣喜。

我幻想着她在六天的课程中有很大的突破和成长，可是，她当天下午说头晕，很难受，要求回家。这是一个难得的学习机会，我用各种方法劝说她，希望她能留下，可她坚持自己的意见，最后她还是回家了。我感觉很遗憾，但我知道我不可以强迫她。

晚上回到家，看到她晕晕地躺在床上，我只好陪着她。她欣喜地拿出来很多在网上买的卡通玩具，我们用那些“战士”做起了游戏：红队和黑队之间的决战。我们两个躺在地板上，像两个孩子一样在游戏里打打杀杀。那个时候，我们不谈课程，也不谈其他，只是沉浸在游戏里。我知道，可能是课程中某些环节让女儿觉得有压力，或者是触发了某些创伤，她才那么抵触那个课程。我能做的就是陪伴她，帮她释放不良情绪。

我们两个玩了很久，最后女儿累了，躺在地板上。我用处理创伤的能量技巧帮她敲击身体。她乖巧、温顺地按照我的安排行动。半个多小时之后，她开始有力气了，感觉好起来了。她告诉我她的决定：明天不再去学演讲，而要去学英语口译，她在网上找到了相关培训的信息。中级口译一般是成年人学习的课程，但看她已下定决心，我也就同意了。

在炎热的夏日里，她每天自己骑车去学口译，学得很开心。她也会打听我们的课程学了什么，发生了什么新鲜事。我会很认真地向她介绍每个同学每天的变化，当然也忍不住说，要是你在，你也会有很大的变化。她则淡淡地说：“以后会有机会的，现在我更想学口译。”一个培训周期下来，她对英语的兴趣更加浓厚了。虽然没有考证，但因为是她自己选择的课程，所以她在学习上更加主动，也收获了更大的乐趣。

回过头来看，这为她后来参加世界联合书院的面试做了非常重要的准备。她好像跟随内心的召唤，选择了最适合她的学习内容。

当年去住校，也是她自己的决定，我无论如何都劝阻不了。她说她要去学习社会生活。住校伊始，她有很多新的体验。四个女生住在一个房间里，晚上穿着内衣睡觉，或者洗澡前后换洗衣服等，她都觉得很新鲜。她是个害羞的孩子，刚开始不理解为什么有的同学那么放得开，不能理解为什么有人能当着别人的面剪指甲、换内衣。直到跟大家越来越熟后，她也可以裹着一条浴巾走进走出。她在学习与更多同龄人交流和交往。她在学校里有一两个要好的朋友，她会跟她们同来同往，她会主导很多谈话的主题，也会跟她们一起搞恶作剧，在校园里疯狂地大喊大叫。

慢慢地，她也能跟没有血缘关系的人建立起亲密关系。她依赖朋友，她也被朋友依赖，甚至会因为跟朋友闹矛盾而苦恼、困惑。

直到高二上学期，她告诉我："我现在可以一个人独来独往了。我不再拉着某个同学，等她一起去吃饭，我也不害怕一个人回宿舍了，不害怕一个人走在路上时的那种孤单了。"她说这些话时，我看到了她的坚定和成熟。在宿舍里，她仍然是搞怪能手，每天睡前跟舍友天南地北地"卧谈"。她的手机铃声非常独特，这些都成了宿舍同学独特的记忆。她考上世界联合书院，不再回学校上课，同宿舍的姐妹还跟她说："宿舍少了你，我们好不习惯。"

2009年五一期间，我和先生在重庆开课，把女儿留在家里，外公帮忙照顾她。5月2日早晨，我给女儿打电话，问她昨天过得怎么样。她无比兴奋地告诉我，昨天晚上她去酒吧了，11点多才回来。我心里一惊，马上问她："去哪家酒吧？怎么那么晚才回来？"

她听出我的紧张，马上告诉我："不要急嘛，妈妈，是一家很独特的酒吧。"她说她在十全街上看到一家很小的酒吧，叫"异托邦"，那里有很多富有创意的小玩意儿，她发现店主是两个年轻人，二十来岁，他们放的音乐都是她很喜欢的爵士乐，她就跟他们聊天。两个年轻人很欣喜，这么小的孩子竟然有这么古老的喜好。他们从爵士乐谈到音乐，谈到各自的经历，谈了很多很多。

女儿说这是她第一次找到跟她有相同兴趣、懂音乐的人。她非常激动，不知不觉就聊了很久，直到11点多，她才恋恋不舍地骑车回家。她太兴奋了，终于有人懂她、可以跟她共同交流了。兴奋让她忘了一切，忘了恐惧，忘了家人的担心。回到家，外公因为她这么晚回来很不高兴，但她也没有多做解释。她掩饰不住那份兴奋和喜悦，即使在电话里，我也能感受到她的快乐。

我悬着的心放下了，眼前出现这样的画面：在治安非常好的马路上，11点多还比较喧闹，同时也比较安全明亮，一个女孩儿带着满足而兴奋的表情骑车往家赶。我在心里说："好在苏州安全，好在女儿足够勇敢。她在用自己的方法，主动接触这个世界，去建立她自己的人际网络。她在用她自己的方法，寻找更多的资源和支持者，她真的长大了。"

后来，女儿跟这家酒吧的店主关系非常亲密，她在与他们交往的过程中收获了许多新鲜的体验，学打非洲鼓，参加他们组织的创意活动，她很在意他们，这是真正意义上属于她的朋友——两个成年朋友。

有一天，我正好有空，她建议我跟她一起去那家酒吧看看。我也一直好奇，到底是怎样的两个人让她如此着迷，于是便同意跟她一起去。

走到一半，她提醒我说："妈妈，跟你说件事，你不要大惊小怪。"

我问："什么事？"

她说："那个女孩子会抽烟的。"

我说："这有什么好大惊小怪的，一个人抽烟往往是因为她内在力量不足，她想借助吸烟这种方式增加她的内在力量，这也说明她内在有很多缺失。你妈妈是学心理学的，什么样的人没见过？"

女儿看我很平静，又接着对我说："你放心，他们这些东西都对我没有影响，我不会学这些的。我知道，我到店里可以学到的是什么。"

女儿的这句话让我很感动，我知道她已经有了足够的定力，也有了足够自我管理的能力。她知道什么是自己想要的，什么不是自己想要的。她知道用自己的方式靠近自己最需要的东西。所以，我对她说："我相信你。"

女儿把我带到店里，那是一家很自然、很简陋的小店，里面摆放了很多那两个年轻人自己制作的创意作品，还播放着迷幻、慵懒的音乐。女儿像老熟人一样帮我找到一个合适的位置，然后向我介绍她的两个朋友。他们听说我是学心理学的，有些好奇，也有些紧张。我跟他们随意地聊着，直到大家越来越放松，女儿则很紧张地看着我和他们相处。两个叛逆而独立的青年远离家庭自己闯荡，我看到了他们漂泊、闯荡的辛苦，也看到他们在自我管理方面有待提升的部分，但是，我把这些想法都放在心里，找合适的机会再跟女儿沟通。

此后，我对女儿更加放心，我知道她在用自己的方式慢慢地摆脱我们的安排和控制，用自己的方式寻找未来独立生活的模式。她不再是害羞的孩子，只要有兴趣，她会主动与人沟通、交流。只要不是太功利的谈话，她都会轻松自在地表达。她仍然看不惯过于世俗、功利的人和事，她用她的方式感受这个世界。同时，她在一步一步为未来独自行走做准备。我欣喜地看着她的成长，同时也感受到她正渐行渐远，逐步走出我们的怀抱和视线。她笃定、有力量地开始她自己的探索，我既放心，又有些不舍。

在孩子成长的过程中，父母必须学会放手，这是父母必须体会的复杂感受，也是必须经历的过程。女儿要长大，我们要给她空间，允许她长大。女儿用她的行动告诉我们，她一点点长大，我们可以放手、放心了。

自己的未来自己把握

带着满满的祝福，父母将孩子完全地送出去，让他在更宽广的空间和世界里完成自己的探索和体验。

初中时，女儿听说学校每年都有世界联合书院的选拔项目。她和同学认为，那是一个非常非常神秘的过程。开始做环保工作后，她参加这个项目的愿望越来越强烈。她了解到，世界联合书院的融合、包容等宗旨跟他们环保社的宗旨一致。通过读《一辈子做女孩》那本书，她发现印度有很多吸引她的民俗和文化。所以，她希望有机会考上设在印度的联合书院。

她一直积极主动地做2011年的应考准备。开学初，她听说当年没有去印度的指标，只有一个去加拿大的指标，她有些失望。我们都劝她，借这个机会试一试、练一练。她在网上查加拿大学校的资料，包括维多利亚港独特美丽的港口环境、学校文化和传统等。她慢慢地对参加面试有了兴趣。学校有十几个孩子报名，还需要经过外教考核，才能确定最后参加苏州市面试的人选。女儿说她跟外教谈得挺轻松，《一辈子做女孩》成了她和外教共同讨论的话题。

学校里的面试在高二会考之前进行。2011年3月20日，会考结束当天下午，我们接到了学校的面试通知，苏州中学本部、园区校和苏州十中各有两名学生，共六人参加3月28日最后的面试。这个消息让刚出考场的女儿非常兴奋。

学校校长和老师提供了很多往届面试的资料，女儿自己还要准备一些自我介绍等资料。班主任陆敏老师把电脑借给她，让她在学校可以随时查阅资料、制作档案。

简单的准备后，女儿在3月28日那天参加了面试。当天早晨，我和先生开车送她到苏州外事办。外事办的院子很安静，我们来早了，坐在车里自在地听音乐。

八点半，我们送她进楼后，女儿坚决地挥手让我们回家。她不让我们陪，她要自己经历这个过程。回来之后，我们各自忙工作，不时会猜想她进行到哪个阶段了。

上午是自我介绍，吃过午饭之后，是第二轮团体面试。六个人分成两个小组，15分钟的讨论后，用广告方式介绍中国传统文化，每组三五分钟的展示时间，然后就是漫长的合议审定过程。

下午3点多，我猜测时间差不多了，就约先生一起开车去接她。

下楼时，接到女儿的电话，仍然是沉着淡定的声音："妈妈，我被选中了。"我兴奋地大叫起来。她在电话那头提醒我"注意形象"。我忍不住，仍然用笑声表达我出乎意料的喜悦。

我跑到校门口拉开先生的车，大声告诉他"女儿被选中了，选中了"，先生却不肯相信。我反复强调信息的真实性，他的第一反应是："哦，女儿要走了。"他已经开始进入离别的情绪了。尽管这样，我们还是无比的兴奋，给相关好友打电话，一路上忙得不可开交。

当我们到达面试教室时，女儿正在跟考官们做进一步的沟通，我们两个只能站在旁边，完全插不上话。看到女儿自如又略带兴奋地跟他们沟通，我们突然发现，我们已经帮不上她了，这个孩子已经不再完全属于我们了。那一刻，我们突然有一些不习惯，以前不管发生什么事，我们都可以给她一些参考意见。如今，她要到一个完全陌生的国度，说我们听不懂的话，我们已经无力相帮了。我们心里明白，从现在开始，要完全把女儿送出去了，送到一个更宽广的空间和世界里，让她完成她的探索和体验。作为父母，我们只能站在身后祝福她。

加拿大学校的校长和招生办主任跟我们告别，我们用仅有的蹩脚英语跟他们交流。他们说很喜欢女儿的阳光、积极，恭喜我们有这样一个优秀的孩子。除了感谢，我们说不出来任何话。

送走所有考官，我们三个开车回家，仍然沉浸在喜悦中。这样的结果有些意外，似乎又在情理之中。我们不断地接到亲朋好友的祝福电话，感受着有喜有痛的复杂心情。

叫来了奶奶和外公，我们在酒店吃了晚饭，五个人有些冷清，但这是非常有意义的晚餐。爸爸家族的代表是奶奶，妈妈家族的代表是外公，两位老人一直很爱这个孩子，对她寄予了很多期望，在这个拿到好成绩的晚上，有两个老人的陪伴，已经足够了。

我一个晚上都在接听电话，这似乎是超出了我们家庭的喜讯，很多亲子课程的学员打来电话，表达他们的感动和喜悦。他们看到了用亲子课的理念和技巧培养出来的孩子，活生生的案例让他们更有信心。我的很多朋友也打来电话，向我表达祝贺，渐渐地，我感觉到越来越多的力量和爱从四面八方涌过来。

女儿的成长过程，是我实践和学习NLP亲子课程的过程，也是我分享NLP亲子课的过程。很多学员熟悉我的女儿，我讲课时经常介绍女儿的一些案例，他们早就认识这个孩子了，这个孩子今天的出色表现，也让学员们感受到了喜悦和快乐。

不止一位朋友发来短信，说“她离美国农场主的梦又近了一步”。我接受着这些祝福，分享着这份喜悦，同时也感受着更大系统的力量和爱。

吃过饭，我跟女儿走路回家，我们回顾了17年来她的成长之路，突然有个惊奇的发现：她的每一步、每一个环节，似乎都在为今天做准备，为她的未来做准备；她的每一次尝试、远行，都在为她将要到来的远行做准备。我们终于明白了“一切发生了的，都是最好的安排”这句话的深意。我们很庆幸，庆幸某一步把她带到了下一步，庆幸某一个重要的人给她提供了一次经验和体会。这些庆幸组成了这条似乎在情理之中的路径。

我们在喜悦中度过了两天，然后便陷入了茫然：那个学校到底怎么样？我们要做哪些准备？接下来要做什么？我们全然不懂。感谢张昕校长，在最关键的时刻跟女儿交流，让她了解到世界联合书院的地位和未来的发展方向，也让女儿明确接下来要做的就是学习外语和中国传统文化，未来在那个多民族、多种族聚集的学校里代表中国做些什么。

女儿很快就在网上找到了学英语的途径和机构。同时，她还要连续几天应对媒体的采访，让一个低调的孩子说一些冠冕堂皇的话，实在是不小的挑战。她开始纠结，她不愿意在公众面前展示自己的想法。我提醒她："这是一个宣传学校、代表学校发声的机会，也是你可以为学校做的一点点事情。你不要说你不想说的话，只要真实表达实际的信息即可。"

在培训机构和学校间奔波，她有些身不由己，她感受到适应外界的压力。我提醒她："你的第一个改变已经开始，假如你想为这个世界做些什么，很多时候，你可能身不由己。很多时候，你可能要忘掉自己。"女儿的耐心在接受第三次采访后到了极限，她实在不习惯重复做自己不愿意做的事，我尊重她的意愿，帮她挡掉了其他的采访。

女儿的胜出给很多同学、家长甚至一些教育工作者带来了启发和思考。大家看到了分数和素质、付出和索取之间的新的平衡。大家也在我和女儿互动的过程中看到了不同的家教模式和方法。

所以，媒体的采访会带给很多人启发，越来越多的学员和朋友想了解女儿的成长故事。在某课程中间，我们安排了一次讲座，分享了跟女儿一起成长的故事，其间先生也忍不住发表了很多独特的见解。作为爸爸，他有很多独到的见解，他的见解也给现场很多父亲以启发和影响。在大家的提醒和督促下，我有了静下心来把女儿成长的故事整理出来的动力。

8月末，女儿将要远行，她未来会有怎样的状态和人生，我们不知道。我们能做的就是继续站在她身后，祝福她，信任她。不管她怎样，我们都会一如既往地爱她、支持她。

也许有一天，我会续写这本成长故事。也许有一天，女儿会从她的角度反思她成长的故事，反思这种教育的影响，这些都只是也许。我不去策划，也不去设计，只是顺其自然地等待未来在我们面前展开。

我还要感谢所有的朋友，他们给了女儿和我很多生活上的支持和帮助；我要感谢曹蕾、马静两位朋友，她们经常以代理家长的身份帮我们开家长会；我要感谢我的父亲、母亲，感谢他们对女儿的照顾和陪伴；我要感谢所有的亲人，感谢他们对女儿的期待和鼓励；感谢所有老师对女儿的细心呵护和陪伴；也感谢所有朋友、学员，感谢你们对我的推动和帮助。

这本书成形的时候，也是我们开始新的探索的时候，一切都刚刚开始，让我们试着去看生命新的旅程。

第二章

放手 让孩子成为她自己

童心有两种：第一种是灵活、开心、无惧、好奇、活泼和创意极强等，这种童心应保持在心里，因为它帮助我们成长，同时给我们更大的成功、快乐。另一种是不负责任、过分要求、不付出而索取、想控制别人、借抱怨来要求别人代劳等，这种童心应放下，因为它妨碍我们成长，还会拿走人生里该有的成功、快乐。

There are two inner children. The first one is flexible, happy, fearless, curious, lively and creative. We should keep this inner child in side ourselves, because it helps us to grow and gives us more success and happiness. The other one is irresponsible, unreasonably demanding, taking without giving, wanting to control others, and finding others to do it for us through complaints. We have to let this one go, because it prevents us from growing and takes away the success and happiness we deserve.

—— 冉安鑫 / 译 / 绘 ——

正面暗示，让女儿爱上数学

缺乏兴趣和信心，是孩子在不擅长科目上的最大障碍，而巧妙的正面暗示则可以同时解决这两个难题。

我偏爱文科，在女儿很小的时候，我就给她读书、讲故事，几乎没有对她做过任何数字方面的训练。

上小学后，女儿可以很轻松地玩着学语文，却不能用这样的方式学数学，她很困惑。我开始察觉，这是我早期教育的缺陷，我没有对她进行数学训练，导致她难以用学语文的状态学数学，这一定会给她带来诸多不顺，甚至挫折。

回顾我当年物理总是不及格的惨痛教训，我知道，一个人如果惧怕某个科目，就会丧失对某门课的学习兴趣，进而影响这门课的学习。对此，我只能尽力补救：让孩子喜欢数学，爱上数学。

我的方法是，每次老师要求家长签字时，我都认认真真地写道："感谢数学老师，让我的女儿如此喜欢数学、如此爱数学，谢谢莫老师。"

这样不露痕迹的暗示，强化了女儿喜欢数学、爱数学的观念。女儿每学期的素质报告书上，最喜欢的科目一栏填的都是"数学"。

这种善意的暗示在女儿小升初之前受到了冲击。数学思维是需要训练的，女儿没有在数学学习上多下功夫，导致她的数学成绩不佳，也给她的总成绩扯了后腿。

不过我也意识到，这也为她成绩提升创造了很大的空间。她如果开始系统地接受训练，会在短时间内有很大的提升。所以，我对她说："家长会上老师讲了，你是最有潜力的，你可能会成为班级中的一匹黑马。因为你一直都没有在数学上下过功夫，所以一旦你开始下功夫，你将是成绩上升最快、进步潜力最大的。一旦你的数学成绩好起来，加上你本就优秀的语文成绩，你一定会在班级中创造奇迹！"

我一次次地暗示她，并跟她一起制订数学训练计划，她不肯找家教，所以只能靠自己多做题。经过一个多月的强化训练，女儿找到了一些感觉，每做出一道难题，她都非常欣喜。

偶尔做出一两道别人做不出的题，她就会信心满满。

这时，我会对她说："就是！你这么喜欢数学、这么爱数学，肯定会学得好喽。"

最终，女儿在小升初的入学考试中拿到了她在小学阶段的最好分数。进入初中，她发现班级中有很多数学天才，尤其是那些活泼好动的男生，几乎不怎么听课，但每次数学、物理考试都考得非常好。她觉得不公平。面对这种情况，我会跟她分析男生、女生思维类型的差异，同时让她看到在数学学习方面的提升空间。

因为初中升高中之前的强化训练，她的数学、物理成绩在班级中遥遥领先，她更加坚信自己"喜欢数学，爱数学"。

高一，数学和物理把她牢牢地拴住了，但她对自己有非常明确的定位：我很喜欢数学，也喜欢教数学的王老师，只是题做得不多，所以我的分数不高。

不知不觉中，她已经把爱数学和数学成绩区分开了，为靠近数学种下了很重要的种子。

高一下学期，她的数学成绩愈发凄惨，总分160分，她竟然只考了60多分。高考制度改革后，语、数、外三科成了非常重要的考试科目，数学成绩偏低，对高考的影响非常大。所有人都提醒她，她很焦虑，但同时也清楚自己的状态："我题做得不多呀！"

后来我也开始着急了，我害怕如此能干的女儿在未来的高考中处于劣势，于是就经常督促她做数学题，还问她需不需要找家教，但她每次都斩钉截铁地说："我知道这是因为我的题做得不多呀！"

"那你打算什么时候开始做题呢？"

她不接我的话，我努力无效，最后只好由她去。

高二分科，她选择了文科，把物理暂时放下了。她无比轻松地跟我说，现在学的每一科她都喜欢。

这个时候，她多了很多时间和精力去做社团，也花费很多时间和精力做看起来与学习无关的事情，我一直催她，仍不见动静。

直到期末考试结束，女儿的班主任陆老师给我发来短信："祝贺冉鑫安，她在期末考试中成绩优异，全班第一。"

她竟然考了第一？我们无法相信。

"她数学考了多少？"

老师说："总分130分，她考了118分。"

当我把成绩报给她时，她却淡淡地说："哦，我早知道了。"

我不明白她的数学成绩为何突飞猛进，面对我的不解，她还是淡淡地说："我做题了呀，只要有时间我就在做数学题，我已经做了厚厚的几大本了。"

"哦！"我又只剩下感慨的份儿了。

她就这样暗中加力，悄悄地安排着自己的生活。她知道，自己付出多少就会有多少回报。她从未害怕过数学，也没有讨厌过数学，所以才有这样加力冲刺的状态。我曾咨询过很多学生，按照他们的说法，当他们害怕学某门课时，他们就会逃离这门课，然后进入恶性循环，最终难以完成相应课程的学习。

我深感庆幸，也很得意：幸亏我用了一点心理学技巧，把女儿引导到"我爱数学，我只是暂时还没学好"的暗示里，为她发力做了很重要的铺垫。

女儿的数学成绩越来越好，我发自内心地欣喜、得意。

但愿这段经历能给其他父母一点启发和影响，让他们明白如何给予孩子最有效的帮助，怎样帮孩子种下热爱学习的种子，带动和促进孩子的学习。

给女儿办人生第一次画展

热情洋溢的鼓励和肯定，会让孩子得到巨大的信心，他也许会就此开辟一片新天地。

爱画画似乎是所有孩子的天性。我的女儿也爱画画，但除了美术课和随意画，我们没有给她额外的指点，她完全凭自己的兴趣去画。

小学二年级时，她已经积累了一大沓作品。有一天，我突发奇想，既然她这么爱画画，不如帮她办个画展，将她的这些作品都展示出来。对于这个建议，家里人都没有反对。于是我就行动起来，在家里的走廊、过道上拉了很多条线，把女儿的画一张一张地挂在线上。我做得饶有兴趣，我的热情也带动了先生和孩子，他们帮我一起做这件事。不一会儿，过道两边就挂满了绘画作品，这时我才发现，女儿已经画了上百张作品。

画都挂好了，再写个前言就更像画展了。于是，我动手起草了一份前言："冉鑫安，爱画画，爱观察，特举办人生第一次画展，敬请各位亲朋好友光临！"我们把这份前言贴在门外，并动员一些亲友到家里来看。女儿的班主任王老师听到这个消息后，竟然约了同小区的几个学生来家访兼看画展。性格活泼、快人快语的王老师给了女儿极大的肯定；憨憨胖胖的陶强强看画时，将一根手指放在嘴边，一副羡慕的样子，还会发出“啧啧”的赞叹声，用饱含钦佩的目光看着女儿。

女儿站在一旁，看我向他们介绍每一幅画。应同学和老师的要求，她匆匆地弹了一首钢琴曲，这是她第一次“秀”才艺。2003年，我写第一本书时，女儿有一天翻我的书稿，说在文字里面看到很多画，很感兴趣。我立刻邀请她帮我画插图，并向她承诺，等书出版了会给她稿费。女儿很乐意，她开始翻看书稿，然后画一些简单的插图。

那本书出版后，我给她发了几百元钱的奖金，作为她第一次创作的奖励。

她9岁时，李中莹老师想出《人生的钻石》的绘画本，我跟女儿提起这件事，大力渲染绘画本正式出版后会有很多版税。如果她设计插图，她就可以获取一定的版税。女儿很积极地着手设计这本小册子。

不知不觉间，她积累了很多智慧，可以读懂那些成人化的名言的深意，还能用简单的画面将这些深意表现出来。她一遍一遍地设计、勾画，其中有她的很多坚持，也有她力求完美的表达。我这个在图片欣赏方面表现笨拙的人，看到画后也很受触动。当我带着欣赏的眼光看她画画时，我总会忍不住地惊叹：你怎么会想到这样表现？她总是神情淡淡的，然后对我说：“唉，画得还是不好。”

她心里有很多画面，她的手会把这些画面很精准地描绘出来。看她设计得辛苦，她爸爸很心疼，特意为她设计了一盏投影灯，让她勾勒画面时更简单轻松一些。

就这样，女儿绞尽脑汁地用画面表现每一句话。画了改，改了画，寻找创作的灵感。几个月的时间，她就积累了厚厚的一沓画稿。她从中选出最得意、最满意的40多幅画稿寄给李中莹老师。看到画稿的朋友都惊叹这个9岁孩子的想象力、表现力，我还看到了她对那些文字的理解力、感悟力。这也是我希望她参与这次插图绘制的深层原因：通过画面表达这些文字，她可以更深刻地体会那些名言的智慧。

她的画也影响了周围的同学。某天吃饭时，她跟我们讲起发生在学校里的故事，某个同学做了怎样的事情，心情不好，她用了怎样的一句话提醒他，那个同学很震惊，她自己也很得意。这样的故事越来越多，她画画的热情也越来越高，她的智慧也积累得越来越多。

感谢李中莹老师对这个孩子的支持。他曾经亲手签了一份聘书：聘冉鑫安小姐为《人生的钻石》这本书的插图作者。这份聘书的原件一直收藏在我的家中。它对女儿的意义已经超过了画画本身，李老师给予她的是透过这份聘书表达的尊重、肯定和推动。她没有学过画画，因为她害怕辛苦，但在兴趣的推动下，画画成了她非常重要的伙伴。

她会在T恤衫上绘画，会在牛仔裤、帆布鞋上画画，也会在有水汽的窗上信手拈来画一幅画。她的课本、练习册上有很多她随手绘制的图案。我曾开玩笑说，以后不用担心她的工作了，她靠画画就可以养活自己。

在看漫画的年纪，她接触了大量日本动漫，并在班级里带动了看动漫的风潮。她开始只是看纸质动漫，后来去网上下载漫画书。我一直不明白那些乱七八糟的画面和很小的字里会有什么乐趣，我甚至找不到看画的顺序。女儿不厌其烦地讲给我听，不厌其烦地推荐我去看一些日本漫画。直到我在她的陪伴下看了几本日本动漫书，我才明白，原来动漫并不像我想的那么暴力，内容也并非那么简单和幼稚，其中不乏处世哲学、人生哲理故事，是很有深意的书。

女儿曾经写过一篇调查报告，名为《关于日本动漫和美国动漫的区别》。报告里有很多精辟的论述。她说日本是一个全民动漫的国家，日本有适合不同年龄、不同性格的人看的漫画，甚至对孩子的教育也以动漫的形式呈现，动漫甚至会伴随很多日本人一生。流传到中国的某些漫画只是其中的一部分糟粕，并不能完全代表真实的日本动漫。美国动漫则偏低龄化。她的那篇调查报告让我对她刮目相看，也对她获取知识的来源有了更开放的看法，原来她是用这样的方式了解这个世界的。日本动漫有如此大的魅力，一定有原因。在很多动漫中，我也看到了很多美好的东西，如人性的善等，这对孩子有好的引导作用。有些动漫表现出来的智慧，可能到我这个年龄才能领会，而创作者们用动漫的方式传达给了孩子，这些都让我有很大的触动。

因为看了大量的漫画书，女儿画漫画可谓无师自通。因此她也成了班级和学校的宣传主力，黑板报设计、广告片设计、宣传海报设计等，对她来说都是实践和表达的过程。女儿在感受这个世界的美，也在用她的画笔表达对这个世界的赞美。

李中莹老师付给她4000元钱，作为《人生的钻石》绘画本的插图设计费，她很清醒地说："太多了，我还不是一类插图作者，拿不到这么高的稿酬。他付这么多钱是看你们的面子，我只拿一半，这才是真正属于我的。"听了她的话，我和先生都感叹她有如此清醒的自我认知。我曾鼓励她去学美术，可她很坚决地说："我不要，我不想那么辛苦地去画素描，我只想把它作为兴趣爱好玩一玩，不想把它作为职业。"我们也只好作罢。

后来，当她确定要出国并着手做出国前的准备时，她开始主动学一些技能，以表现中国传统文化的精髓。她选择了国画。由于有画漫画的功底，她学国画容易上手。当她捧着一束梅花、一盆水仙和一群小鸡回家，并用国画将它们呈现出来时，我只有羡慕和崇拜的份儿。

从2011年开始，她又迷上了刻橡皮章。她从网上了解到这种创作方式后就开始模仿、雕刻。她准备了刻刀、橡皮、印油，从临摹到独创，她已积累了上百个印章，这都是她挤出时间做的。在雕刻中，她会忘我，会不断否定自己，这种追求精致的劲头往往会耗费很多时间，但她乐在其中。我曾劝她不要花那么多时间做无谓的事，但总是无功而返，只好任她去做。不过，到每个印章刻出来，看到她的满足与自得时，我也就释然了。我心急于她耗费那么多时间，但同时又欣赏她自得其乐的笃定与闲适。出国时，她带了全套的橡皮章雕刻工具，这些工具为她增添了一份自信！

骑在围墙上看书的孩子

书籍能丰富一个人的生命和智慧，一个爱读书的孩子，肯定会成长为一个好孩子！

女儿从小就胖胖的、壮壮的，身体灵活也很有力气，因为发质不好，所以我一直帮她剪很短很短的头发，使得她看起来更像个男孩子。

每到寒暑假，她总是很忙，跟小区里的小朋友跑来跑去，或者去做孩子们喜欢的游戏，她的精力和体力跟那些小男孩儿不相上下。

她学自行车只用了20分钟，身材高大是她的优势。当时，小区里有四五个小孩儿练习骑一辆小的两轮自行车，她跨上去就像骑一辆玩具车，不到20分钟就可以自由地骑着到处跑了。过了一会儿，她竟然可以在后座上带上一个同学。学会了骑自行车，她行动更自由了，视野也更开阔了。骑自行车跟我们一起兜风时，她总会表现出满满的自信和潇洒。

小学三年级的暑假，孩子的外公外婆搬到我们所在的小区，他们住在一楼，窗前有一段围墙。那时，外婆正生病躺在床上，我们每天忙着照顾她，顾不上女儿，她就自己跟小朋友玩耍。

一个烈日的午后，我推开院门，突然看到围墙上有一个孩子，撑着一把很大的深绿色雨伞，骑坐在围墙上看书。我惊呆了，想不到她会找到这么特殊的地方，在这样特殊的环境中享受读书的美妙。我担心她睡着了从围墙上摔下来，就问她："你为什么坐那么高？"

她说她在和小朋友比赛，看谁可以爬上围墙。围墙上太热了，她就想到撑把大伞；坐在围墙上又很无聊，所以她就拿了本书，就这样不知不觉看入迷了。她不知道自己在围墙上坐了多久。我又气又笑，把她抱了下来，她又跟小朋友去玩了。她虽然是个不太安分的孩子，却有一种很好的能力：随时能静下来。做感统训练时，她会全力以赴，运动也很激烈，但只要训练一结束，到另一个房间，她马上就可以静下心来读书，这种能动能静的能力常常让我自愧不如。她就这样一边玩耍一边读了很多书。

她小学就读于当时教学理念很先进的学校——园区新城花园小学，她在那里度过了一段很快乐的时光。建校之初，这所学校的教育理念与新加坡接轨，不仅重视孩子的自发活动，还十分重视孩子的探究活动，在学校基本都可以完成家庭作业，回到家后，孩子有大量的时间玩耍、读书。她到底读了多少本书，我一直不知道。

三年级的一天，她在家里读大部头的《福尔摩斯探案集》。有个朋友来访，看到她不声不响地坐在那里，问她在做什么。

她说："在看书。"

那个朋友拿起书看了看书名，惊讶地问她："这书你看得懂吗？"

女儿有些奇怪："当然看得懂喽！"

"真能看得懂？那你给我讲讲里边的人物关系。"

朋友要考她，她就老老实实地讲起了福尔摩斯和华生的关系。朋友很是服气。女儿读了很多书，也懂得了很多我们没有教她的东西，常常语出惊人。

在同伴中，她也常常引领读书的风潮。《哈利·波特》第一册出版之时，她只有8岁，我们给她买了一本，之后她就成了《哈利·波特》迷，把那本书翻得快要烂掉了。她还把故事讲给同学听，勾起了同学的求知欲。这本书很快就在她的班级里风靡。

接着，《哈利·波特》又出版了第二册、第三册、第四册……每一册一出版，她都第一时间去买，再带动班级同学去看。此外，她还引领了看动漫、读郭敬明的风尚……她的零花钱都用来买书了，家里堆了越来越多的书，她也会跟同学交换书看。

她还是学校图书馆和社区新华书店的常客。她看书完全沉醉其中，正如高尔基所说的那样："看书，就像饥饿的人扑在面包上一样。"走在路上、坐在车上，她都会看书。慢慢地，她成了同学崇拜的对象。不过，她又不喜欢跟大家一样，当大部分同学都开始跟随某个潮流时，她就开始寻找新的书刊或时尚。

因为她有这样的读书习惯，我对她越来越信任。因为我知道，一个爱读书的孩子，一定对这个世界充满好奇与热情，也一定会吸收很多正能量，产生更多自己的思考和对人生的感悟。

只要她读书，我就全力支持，但她不爱读我推荐的书，她觉得我太落伍、太老套。我推荐的书里最受她认可的一本是《一辈子做女孩》。我在她耳边念叨了很久，她才肯去看一看。看过之后，她就萌发了要去印度的念头，也激发了她考联合书院的想法。当然，这是后话。

她总是自己去发现、寻找她想读的书。她也给我推荐过很多书，比如乙武洋匡的《五体不满足》，让我结识了一个乐观、积极、充满生命力的偶像人物。她推荐我看《窗边的小豆豆》《狼图腾》，还有很多看似不主流但极富文采、个性的作家的书。

她也会买《沈从文全集》等很"老"的书，我常常笑她的矛盾。一方面，她似乎很赶潮流，总是找一些非大众化的书籍和作者；另一方面，她又很复古，经常买一些老作家的书。逛旧书店是她的一大爱好，每次她都会提一大摞书回来。有一次，她花一百多元钱买了一本线装书回来，她还收集了一本又一本古代汉语书、繁体字书和泛黄发旧的书等。她说不知道为什么，她就是爱这些。

我明白，选书、读书的过程，正是她自己发现、寻找、尝试的过程，这才是她的风格。

从五六年级开始，她就经常一脸正色地向我推荐："妈妈，这本书你要看。""妈妈，这篇文章你要读一读。"我总是听从她的意见，把她推荐的书和文章都细细地读一读，然后再与她分享和交流阅读感受。在交流的过程中，我常常发现她的视角很独特，让我感受到"90后"睿智又深邃的思维。每当发现她的独特，我总会由衷地表达我的感慨和赞赏。

看完《纸牌的秘密》后，她还跟我讨论起哲学和宗教的问题，我发现她的很多想法已经超越了我的认识，我们两个在一起总会激发出很多灵感。我听得懂、听得进她的意见，偶尔也会做些补充。我在不知不觉中向她学习。

当年，我通过读书改变了自己的命运，现在，女儿通过读书丰富了她的生命和智慧。这是两种不同的境界。我是女儿买书、读书的支持者和推动者，在我看来，不管她能否读完，能否读进去，选书、理书的过程中她就收获了成长。这个淘气、好动的孩子就这样在读书中一点一点地长大了。

"爱读书的孩子，一定会是好孩子！"这是我坚定的信念，我也从女儿的成长中看到了读书的魅力和影响。

父母要及时反省自己的局限性

孩子不只会从父母那里接受生存之道，也会主动学习一切于己有用的经验。父母应该信任他，给他自由学习、体验的时间和空间。

女儿10岁那年的暑假，有朋友一家从南京来，我们在十全街请他们吃饭。

席间，朋友家的两个男孩子向爸妈要求："吃完饭我们要出去逛一逛前街。"大男孩已经18岁了，高高大大的，他的爸妈毫不犹豫地答应了。这两个男孩子走后，女儿也要求道："我要先回家。"也许是因为刚刚两个男孩子先走了，我也毫不犹豫地说："你先走吧。"我问她带没带公交卡，她说带了。我告诉她："门口有4路车可以坐回家，到了家打个电话给我。"女儿答应后就走了。

我晚上8点半到家，发现家里一片漆黑，女儿没有回来！我的心一下子就紧了。这么晚了，她怎么还没回家？我顿时慌张起来，脑子里冒出很多可怕的念头：坐公交车坐到反方向了？被别人骗走了？坐错了车？被谁欺负了？我该到哪里去找她？恐惧让我无法安心，我马上给先生打电话，先生淡定地说："没事，她会回来的。"

听他轻描淡写地这样说，我非常气愤。放下电话，我开始想办法，给公交车站的两个站点打电话，问有没有看到一个穿着白T恤衫的小女孩儿。我想假如孩子晕车或坐错车、坐过了站，她也许会被送到公交枢纽站。两边都回答说没有，我的心更慌了，更多可怕的念头袭来。我后悔没有给她多装点钱，后悔没教过她如何应对危急情况，没有提前告诉她该相信谁不该相信谁……

等在公交站台上，我追悔莫及。我万分焦虑地搜寻路过的人们，到了9点，还是没有看到女儿的身影，我的手机也没电了，无法拨打求救电话。无奈之下，我只好回家换电池。走到楼下，我看到家里的灯亮了，我拼命地冲上楼。打开门，我看到女儿正坐在电脑前。

我大喝一声："你怎么才回来？你为什么不打电话告诉我？我都急死了！你怎么会这样？"

女儿转过头来看我，她的表情从开始的欣喜慢慢变成疑惑，直到暗淡下来。待我喊完这段话，女儿怯生生地说："我是自己走回来的。我还以为你们会表扬我呢，结果你一进门就批评我。"

我这才冷静下来，连忙说："对不起，刚刚是我太着急了，我快急疯了。告诉我为什么要走回来？怎么回事？"

女儿这才慢慢地告诉我，从酒店出来，她发现根本没有我说的4路车，只有28路，还不能用公交卡。她口袋里只有一元钱，坐了两站到了苏州大学西校门她就下车了，于是她向门口的保安问路。她说因为前段时间我陪她在苏州大学校园里骑车兜过风，所以她想试着横穿校园，从西门进去，从东门出来，这样就到了东环路，穿过东环路，离家就很近了。她一个人通过那座吊桥，穿过整个校区。在这个过程中，她问过3

次路，每次问的都是穿着制服的保安、警察。她体会着自己找路回家的快乐，同时暗暗地设计如何向我们炫耀，如何讲述历险的经历。然而，她的计划被我的一顿呵斥打乱了，她讲起来已经没有那股兴奋劲儿了，不过我一下子发现女儿长大了。

我没有教过她这些，她的这些举动超出了我的预料。我能教给孩子的是很有限的东西，她自己的智慧已经超越了我可以给她的指导和要求，我甚至落后于她的成长。这件事让我有了很深刻的反思：我那么多的恐惧念头的背后是什么？是我自己的自大，以为孩子只懂得我教给她的那些东西；是我对孩子的不信任；是我自己的不安全感。我全然没有注意到，我精力有限，根本没有办法为孩子提供很多帮助和参考。我已经落后于孩子的成长了，这是我不得不面对的现实。

这件事让我看到，孩子可以用自备的能力照顾自己。一个多小时，十几里路程，走的还是一条她从没走过的路，但女儿却走得那么轻松。在这个夏夜的晚上，横穿整个街区回到家里，其中有多少勇气、胆量、能力、体力和智慧！我还有什么不放心？

女儿有能力照顾自己，我应该信任她，那才是对她最好的尊重。同时这件事也提醒我：很多话不要等到明天才说，能给孩子帮助的那些话现在就要说，能给孩子帮助的那些事现在就去做。孩子平安归来，是我们的幸运，假如孩子没有回来，我不知道自己的后半生会怎样度过。

从那以后，我开始学习放手，把女儿放在她可以照顾自己的位置，允许她自己出去散步，允许她自己骑车兜风，允许她自己去文化市场买书，允许她自己去十全街逛或出去吃喜欢的东西。每一次她都会有许多收获、发现，也感受到很多自由探索的乐趣。女儿的这些独立行动也是她展翅前的一次次试飞。

这是让我刻骨铭心的经历，我意识到，女儿就像我手中的风筝，她鼓足了力量往上飞时，我要将手中的那根线慢慢放松。

鼓励孩子参加心理培训

思想上的局限让孩子的成长受限。打破孩子的思想局限，让孩子自由成长，是父母应该做的。

因为在心理学的学习中受益很多，所以我期望女儿也能够接受相关的训练。只要有机会，我就会鼓励女儿去参加心理培训。

女儿上小学五年级的时候，无锡有一个“小领袖夏令营”的活动课程，我带着她和另外一个男孩子去参加。那个男孩子很聪明，也很要强，在三天的课程中，他表现得非常积极。只要有竞赛表演的机会，他总是第一个冲上台去，每一次都能拿回丰厚的礼物。不知不觉间，他已经积累了很多礼物：毛毛熊、小狮子、彩色铅笔、玩具卡片……

作为课程助教，我一直远远地看着女儿和那个男孩子的表现。跟那个男孩子比起来，女儿显得被动、麻木得多，她从来不上台抢那些礼物，她觉得上台抢的那些同学很幼稚，自己懂答案就行了，为什么要到台上说出来？我觉得她有点不可理喻，既然来参加活动，就要遵守活动规则，与别人分享答案也是一份贡献。为什么把答案憋在肚子里不说呢？我带着这样的疑惑继续观察。

课程的第二天，有一个团体比赛项目。所有孩子都被蒙着眼睛，只能凭手里拿的塑料片形状寻找每一组塑料片的规律，最先找到规律的组会得奖。我观察到，女儿在拿到塑料片几分钟后就找到了规律。然后，她凑到同组大个子男孩儿旁边，把发现的规律讲给他听，并要求他快点站起来说，帮助小组得第一。那个男孩儿反应有点慢，女儿急了，到处找麦克风，找到后就递到男孩儿嘴边，她说一句，那个男孩儿复述一句，直到讲完为止。最后他们小组得到了第一名。

这个活动同时还安排了几个观察员，对现场学生的反应做记录，并把观察到的情况反馈给老师。老师做总结时，表扬了很多学生，包括那个大个子男孩儿，但没有提到我的女儿。我内心有些担忧，怕她会有不平衡的感觉，可是看看她，还是神态自若、安安静静地坐在一边。我有些惊讶，不知道她到底在想什么，也很好奇是什么让她有这份平静。

熬到课程结束，我终于可以跟她单独相处了。我好奇地问她："你发现了答案，为什么不自己站起来说，却要教给那个男孩儿呢？"

女儿说："我说，谁会听？那男生是同学选出的组长，他有号召力，别人会听他说的。"

"哦。"我没想到，女儿能这么快速地做出判断，我又继续问，"老师表扬了那么多同学，却没有你，你感觉怎么样？"

她说："很平常哦。"

"你难道不会生气，不会委屈失望吗？"我不放过她，还"以小人之心度君子之腹"地追问她。

她说："那有什么好失望的？我又不是为了让别人表扬才找答案，我只是想让自己快点找到答案，让我们小组胜出！"

她的这句话重重地敲着我的心。是的，为什么我首先想到的是自己跳出来？想到不被肯定和表扬就会失望？这个孩子的内心有满满的自我肯定，她不需要从外界获得，所以老师表扬别的同学时，她才会如此平静而自在。当年的我那么需要别人的肯定，那么需要被别人关注和发现，一旦没得到需要的，我就会失望，就会自我否定，并因此而深感受伤。

我看到了女儿不同于我的自信状态，也看到了女儿内在的智慧。从那时起，我已经很清楚自己的不完美，愿意放低姿态向女儿学习，学习她的智慧，学习她的自我肯定，学习她的自我充实。这次夏令营活动与其说女儿学了什么，不如说我看到了什么。她有敏锐的反应力、判断力和决策力，同时又有很强的自我肯定能力，不会因为得不到外界的肯定而有情绪起伏，这一点值得我学习。

此后，她参加过杭州的NLP课程，一个人去大连参加了鼎狐少年的训练课程，一个人去南京学对称涂鸦，还一个人跑到深圳上NLP少年培训课程。虽然每次只有三四天，但她总会有一些共性的表现：

第一天自我介绍之后，她会感觉无聊、烦躁，然后要求回家。她会给我打电话，我虽然很慌乱，但会尽力处理好，一方面要安慰她——可以留下来，也可以回家；一方面给开课机构的负责人打电话，请他安抚孩子，让她尽可能留下来。于是，总有老师单独找她谈话，跟她沟通，建议她多听半天，再决定去留。

熬过这一天，从第二天开始，她会慢慢地沉静下来，体验课程的美妙。课程结束时，她会恋恋不舍地带着满满的收获回家。

这样的故事上演了几回，直到从深圳学习回来，她跟我沟通："妈妈，我发现我每次自费去参加这样的培训时，第一天我都会折腾，我觉得课程的形式很单调、很无聊。我害怕付出这么大的代价，却得不到我需要的。所以，我就会很焦虑、很慌乱，而等到我慢慢静下心来，就可以体会课程了，我也很容易跟大家融合在一起，也会学到很多东西。我真是个能'折腾'的人。"她能有这样的反思，我既惊喜又感动。我也和她分享了我的发现："是的，你害怕每次花几千元钱却得不到你想得到的价值，这说明你珍惜这个付出。同时，我发现，这也是你到一个陌生环境想被别人关注和在乎的一种模式，以你的知识储备，你会觉得自己比其他人要懂得多、强得多，但你不习惯在一个陌生场合快速地展示自己，让大家认可、发现你的独特性。你不想表现自己，却又渴望别人发现你的独特，为了满足这种内在被关注的需求，你选择了一个独特的招数——折腾。通过这个方式吸引主办方和授课老师的注意，让你有单独跟他们沟通和交流的机会，使他们发现你的独特，这样你就可以静下心来享受课程了。"

这些是我的直觉，我看到女儿有很多需要突破的信念，虽然她一直把"做人要低调"挂在嘴边，但实际上，这种想法在不知不觉中限制着她的成长和发展。她一方面在快速积淀智慧，另一方面又不会适当和主动地表现，由此产生了“怀才不遇”的感觉，或自命清高。这些会影响她日后与其他人的沟通和交流，也会影响她能力的发挥和表现。

在适当的时候，我让她看到自己想法的局限性，产生更多触动。

我继续跟她讨论“做人要低调”这个信念的局限性。当一个人说“做人要低调”的时候，一方面是因为他很谦虚，另一方面是因为他害怕崭露头角，害怕面对风险、承担责任。这其实是不自信的表现，需要突破。

“做人要低调”保证了女儿日常生活的平静，因为很少被打扰，她可以有更多的独立思考时间和探索空间。但“做人要低调”又妨碍了她的发展，因为在关键时候，她不能快速地展现自己、表达自己。

一个不断储备才能的人，把这些才能表现出来、贡献出来，才有意义。另外，才能的不断增加会让人感觉自信，如果压抑才能的展现，会增加压力和烦恼。我看出她内心的纠结，同时也让她知道，每个人都要承担应该承担的责任，必要的时候还要主动承担责任。做人总是低调，做“缩头乌龟”，是对自己能力的埋没，也是对责任的推脱，更是内心恐惧和纠结的体现，这种内耗会让人感到十分辛苦。

听了这些话，女儿没有反驳，我知道她陷入了思考，我也知道她目前就处在这个状态：有些自命清高，同时又自感力量不足，没有办法自如地展现自己。我接受她的这个状态，并让她看到可以提升和改变的方向。同时，我又引导她思考：怎样采用不“折腾”的方式大方、自然、真实地表现自己，不是炫耀，而是自然地表达；不是出风头，而是真实地呈现自己。任何行为都要看出发点，抱着什么样的目的表现自己、担当责任。

感谢女儿对我的信任，跟我分享她的困扰，让我有机会跟她做进一步的沟通，让她看到自己成长的方向和可能性。当然，这只是一颗种子的孕育过程，这段交流在什么时候会引发她的哪些突破，我不知道，我只是做了及时的沟通和引导。我只是想让女儿知道，积极地储备很多能量和资源，并不是要把自己封闭起来，而是要在恰当的时候，承担需要承担的责任和义务，这是她的价值，也是她对这个世界独特的贡献。

人尽其才，物尽其用，每个人才会更轻松快乐，世界也会多一分精彩。

尊重她的放弃，陪伴她的挑战

孩子的事情就交给孩子自己决定吧，父母要做的就是尊重、支持他的决定。

初中到苏州中学园区校读书，是女儿自己做的决定。她说要去过集体生活，去“炫耀”她的那些动漫作品。开学的时候，她差不多把自己所有的宝贝都搬到了学校。

到了学校，她就张罗着进入动漫社。她有太多动漫的海报、书籍和画，可观众太少，她觉得不过瘾。她以为到了学校会有很多人欣赏她这些宝贝。她把这些宝贝粘贴在床头、书桌上，还带到教室里，可是应者寥寥。她觉得不满足，就去学校找动漫社，但社团更多的是看的同学。她不满足，开始跟动漫社社长沟通，她的这份热情给了动漫社社长很多触动。开学不久动漫社改选，她被推选为新一任的动漫社社长，当时的动漫社成员主要是高二的学生。他们很赞赏这个年纪虽小却很有思想的初一学生，觉得她很有勇气，而且专业，建议她开始新一任的成员招聘。

她的才能终于有了用武之地，她设计招聘问卷、制订社团活动计划、确定培训方案等。可是，招来的十几个成员能力不同，兴趣也各不相同，他们大多是抱着玩乐心态进入社团的。动漫社一没资金，二没场地，每次组织活动，她几乎累得跑断腿，才能确定一个让初、高中学生可以共同活动的地点。

女儿很辛苦地做了一年多。初二下学期的一个晚上，她打电话跟我说，动漫社实在维持不下去了，学校领导不支持，同学也不配合，她干得很辛苦。我跟她分析和讨论了多种改进的方案，她都否决了。

最后我问她："你到底希望怎样？"

她哀号道："我干不动了呀，可我又不想放弃，放弃很可惜呀！"

我建议她寻找一些改进方案再去尝试，假如都不行，也许她需要学习一种新的体验，那就是放弃。这次谈话后不久，女儿告诉我，她主动从动漫社社长的位置上退下来了。此后，学校动漫社没有再开展什么活动。初中三年里，女儿没有担任任何的班干部职务，她喜欢为同学服务，可她不愿意做班干部。我尊重她的意愿。她一直是一个热心的孩子，也有一点编剧的能力，每当学校组织各种文艺活动需要班级出节目时，她都会成为主要策划人之一。她会带着大家一起设计、彩排，把其他同学推到台上去，而她只是坐在台下欣赏，做幕后英雄。她似乎很喜欢这样的位置。初三毕业前一个月，她告诉我，学校要为初三的学生举行毕业典礼，典礼上每个班都要准备一段自我总结和介绍的投影片，还要组织一些活动表现自己班级的特色和长处。老师问谁愿意做这件事，她最先举起了手，老师就把设计这个活动的任务交给了她。

她回来讲述这件事时，我的热情也被她点燃了，我觉得这件事情很有意义。初一进校，孩子们还不谙世事，经过三年的成长，每一个人都会有变化。回顾这段成长历程，对班级中的每一个学生来说，都是非常有意义的。

我充满热情地支持她、鼓励她，并表示愿意为她提供材料和思路。有了我的支持，女儿干得更有劲头了。她开始收集同学手里的照片，开始写主持词。我把刻在我脑海里的王蒙的《青春万岁》中的序诗找出来，打印给她。那首诗曾经感染了我的青春岁月，每一次读我都心潮澎湃。我充满热情地读给她听，推荐给她，她接受了。

我还提供了很多设计方案，比如，怎样向老师致谢，怎样写一个20年后的心愿，怎样做漂流瓶……我的很多想法被女儿当场否决了，但也有一些想法得到了她的认可。

准备毕业典礼促成了我们两个人的热情互动。此时正是毕业考前最繁忙的阶段，但我觉得完成这个毕业活动设计比毕业考试还重要。因为这是孩子生命中的一段沉淀和积累，而人生就是由很多美妙回忆组成的。

女儿花了一个多月的时间做投影片，对比初一时的稚嫩和初三时的成熟，她感慨很多。她在影片中穿插了充满热情的诗句，她还数次修改，力求完美。

毕业典礼那天，我和先生一起去参加活动，看到主席台上班旗飘扬，我落泪了。我感受得到，现场每位家长回顾孩子成长岁月的激动、感慨。一百多个学生，三年的岁月，在他们的人生中是多么重要的一段旅程！

班级的自我介绍按顺序进行，每个班都有自己独特的设计，有很美的投影片，有充满热情的老师，还有可爱的同学。女儿代表二班出场，她站在台上，竟然非常沉着和淡定。

我的眼泪又落了下来，她充满激情地朗诵着《青春万岁》中的序诗，她解说着投影片上的每个故事。她也带动同学向老师致谢，把他们的愿望藏在老师的漂流瓶里。班主任顾老师第一次带班级，三年里，她看着孩子们长大。看到孩子们如此独特地表示谢意，她流泪了，这是欣喜、感动的泪。

20分钟，女儿沉着、冷静地主持着所有活动。看不出胆怯，也看不出紧张，我看到的是她的自信、优雅。我为女儿如此精彩的亮相激动。我不知道她什么时候练就了自如演讲的能力。那个一直说“做人要低调”的孩子，主动拿到这个机会，又如此镇定地带动班级的同学表现自己，我不知道她为什么发生了这些变化，我看到的只有自信和她对未来的期待。

“所有的日子，所有的日子都来吧！让我编织你们，用青春的金线，和幸福的璎珞，编织你们……所有的日子都去吧，都去吧，在生活中我不断向前，多么沉重的担子，我不会发软……”

结束时，女儿引导大家去想象。每个孩子背后都站着父母和老师，每个孩子身后都有用爱连接起来的人墙，有无数祝福的眼睛。这一段引导语我经常在课堂上使用，让每个学员都能感受到家庭的支持和爱。女儿不知不觉地把它运用到自己的生活中，把它分享给更多的同学，让他们在父母的祝福之下，带着满满的力量和爱走未来的路。女儿长大了，带着对高中生活的憧憬和期望，带着对初中生活的回顾与总结，她要开始新的生命历程了。

从头到尾我一直在流泪，陪着这些正在成长中的生命，感受爱，感受激动，感受祝福。

参加初中毕业典礼，是女儿的一次人生宣言，也是她人生最重要的成人礼。我看到了“该出手时就出手”的主动与积极，也看到了她的力量与自信，还看到了她对细节设计的追求，我为女儿喝彩、骄傲！

推动梦想诞生："我要当农场主！"

> 有梦想，才伟大，无论孩子的梦想在你眼中多么可笑，都不要贬低，应充分利用这个梦想推动他成长。这才是明智之举！

女儿二年级时，一个秋日下午，阳光透过窗户洒到窗前的大床上。她整个人懒懒地躺在床上，不读书，也不学习。我有点急了，就问她："你在干吗？"

她说："我在晒太阳。"

我说："你啊，都晒了这么久了，怎么还不去学习？"

她说："这样很舒服。"

我说："现在这样舒服，要是一直晒下去，将来怎么办？"

她脱口而出："将来就到美国农场晒太阳。"

我的第一反应是，这孩子好懒，真没出息，就知道享受。可是，我转念一想，到美国农场晒太阳，这是多么大的"野心"！我顺势对她说："你要到美国农场晒太阳，那很好啊，但是你怎么能到美国呢？还有，你怎么才能在美国农场晒太阳呢？"

女儿又说："那我就去美国农场当农场主，那不就有资格晒太阳了吗？"

她的这个念头，又让我大吃一惊，多亏我受过训练，能够保持足够的镇定。我当即跟她进行了一场梦一样的对话：“你到美国农场去当农场主，那你怎么去呢？什么时候去呢？人家怎么会把农场让给你，让你做农场主呢？”

她想了想说：“我学好英语，就可以自己到美国了，我又不会很早去做农场主，我要先读大学，大学毕业后我会尝试很多种职业。等到40岁以后，找准机会了，我才去做农场主。”

我没想到她有这么细致的安排，于是就鼓励地说道：“太好了！等你做了农场主，也要给我和爸爸留一个地方，留一个房间，帮你侍弄那些小动物和植物。做农场主可不是一件容易事，英语要学得好，还要学动植物的知识，还要学如何管理人。你要学的东西可太多啦。”

女儿说：“那有什么？我现在都读了很多书了，到时候自然会有办法。”

她对自己的梦想信心满满，我也接受了她的这个梦想。这也成了我督促她自我管理的重要抓手。我提醒她好好学英语。每当她取得好成绩时，我就肯定地说：“恭喜你！离你美国农场主的梦想越来越近了。”

我让她把她内心的画面画出来，这很合她的意。她很快就拿来了画笔和纸，一会儿纸上就出现了一片金色麦田，一个戴草帽、晒太阳的人。她说那是她自己。我帮她把这幅画贴到客厅，只要有客人来，我就跟他们介绍这幅画的来历，介绍女儿的梦想。

说来也凑巧，女儿四年级时，学校请我去给四年级的孩子做一个关于理想教育的讲座。我跟孩子们分享了把种子种在心里的故事。讲座结束时，我说有一个小女孩儿，理想的种子是到美国农场晒太阳。我还介绍说，这个故事里的小女孩儿就是他们的同学冉鑫安。这个故事一说完，很多孩子都欢呼雀跃。从那之后，有很多同学主动跟她拉关系，向她“表白”，假如有一天她开了农场，他们会去她的农场里养兔子，或者割草。这个梦想变成了她所在班级的孩子们的共同梦想。

小学毕业时，很多同学在她的留言册上写道：“将来做了农场主，别忘了通知我哦，我来帮你喂羊、照顾兔子。”上了初中，很多同学慢慢知道了她的这个故事，也有很多同学跟她预订，想在她的农场里占据一席之地。我更是随时随地看到她的所有变化，并不断提醒她，哪些是农场主需要具备的素质。慢慢地，这也成了亲戚朋友们开玩笑时常提到的话题。

先生有一年回内蒙古考察草场，还兴奋地给女儿打来电话，告诉她，呼伦贝尔草原可以成为她的第一个农场。这个梦想跟女儿的现实生活越来越紧密地联系起来了。

有效的沟通必不可少

在有效的沟通中，父母掌握了孩子的动态，孩子也了解到父母的想法，亲子关系也更紧密了。

女儿从初一开始就住校了，每星期只回来两天。在这有限的两天里，我也不能保证完全陪她，因为周末我很忙，经常要去外地上课，与女儿沟通的时间越来越难得、越来越宝贵。

我曾经向学校建议，一定要保证孩子每个星期都有跟家长沟通和交流的机会。我曾经在民办学校工作过，知道孩子尤其是年龄很小的孩子非常渴望与父母沟通。这个年龄段的孩子多在家里享受父母无微不至的照顾，享受家庭的欢乐，但住校后大部分时间跟同学、老师在一起，所以他们对父母的爱的需求非常强烈。可是，出于工作的原因，我很难保证每个星期都见到女儿。

从孩子住校开始，我就决定充分利用电话和孩子沟通，我保证每天晚上都跟女儿通个电话。在电话里，我不会问她学得怎么样，而是从“今天感觉怎么样”开始，请她告诉我发生了什么事情，也跟她分享我一天的生活和工作中的收获与感受。初中时，女儿觉得自己好像被封闭在这个城市的一个角落里，与外界隔绝，很不适应。于是，我就每天在电话里向她通报外界发生的事情，有国内国际的大事，也有好玩的事。

后来，学校每天组织他们看新闻，也让他们看苏州当地的报纸，她的那份隔绝感才慢慢缓解。

电话成了我们互相倾诉的桥梁。她会向我诉说今天的心情，是郁闷还是畅快，或者是很自在、得意。听她诉说了感觉后，我才会问事情的细枝末节。她有时候很耐心地讲述，有时候则没耐心，我都接受。我也跟她分享所见所闻，分享课程中发生的震撼故事、我自己的收获和感受。她饶有兴致地听完之后，还会故作成熟地来一句：“哦，你又成长了。”

有时候她会把在学校里的苦恼和快乐告诉我，比如动漫社很难维持、遇到一个让她不爽的老师、跟某个好朋友聊好玩的事，等等。我总是跟着她的情绪，感受她的情绪变化。有时候忍不住，我也会说教、讲道理，但常常惹得她马上变了口气，淡淡地说："哦。"

我意识到是我太急了，太想帮她解决问题了，忽略了她的感受。她只是想倾诉，找一个表达的出口，让我做她的听众。这时，我也会很识趣地马上住嘴，加上一句："相信你可以自己解决的。"

在这5年中，不管我在哪里，每晚过了9点40分，我都会给她打个电话，然后道个"晚安"，这已经成了我和她的一个习惯。我发现，当她真有需要的时候，她会告诉我，向我诉说她的苦恼，也会耐心听我的分析和解释。有时她只听到我说的某一句话，就会马上说："知道了，知道了。"我知道不需要多说。有时候我说了一大段，她会告诉我其中一句话对她有帮助，并告诉我她已经突破自己了。

当我和她在家里碰面时，散步和逛街是我们的沟通方式。在家里，每个人各忙各的事情，待在不同的房间里，难得会聊些什么。从女儿小学六年级的暑假开始，我们就养成了散步的习惯，只要一出家门，两个人并排走在一起，她就会主动打开话匣子，讲学校里的奇闻趣事，讲她最近的读书体会或苦恼。这样的沟通非常开放，也很自在。

往往是她先说，我做简单的附和，慢慢地，她激发了我的灵感，我跟她分享一些我的事情，然后就变成我们两个人抢着说。这个过程让我们对彼此有了更多的了解：我能及时了解女儿最近的动态，对她越来越信任；女儿也在我并不高明的话语里"读"到我对她的肯定，从我偶尔一两句迸发智慧火花的话语中得到启发。她总是很满足。

我们喜欢出去散步，喜欢走20分钟的路去剪头发，也喜欢走着去大超市。虽然有很长的距离，但在我们的聊天中，这段路显得很短。我们都很享受这样的相处方式。

在女儿面前，我不是权威，也不是专家，是一个真实的、出现在孩子面前的妈妈。我会跟她讲我的苦恼、悲伤、成长、改变，女儿评价我们："爸爸妈妈是两个很奇怪的人。"她说的"奇怪"，指的是我们不像其他爸爸妈妈那样，小心翼翼地照顾她的吃喝，对她的成绩分外关注，把自己的喜怒哀乐跟她的成绩连在一起。我们更多的是关注她的情绪变化，并向她分享我们的成长过程。

我们更像朋友。我甚至越来越感觉到，当她长得比我高大时，她会走在我的前面，带领我去了解这个世界，了解这个变化多端、信息纷呈的时代。我有时候会开她玩笑，叫她"姐姐"，有时也会在她面前耍赖，但更多的是表达我的感动、肯定。我经常在她身上看到我不具备的聪颖、智慧、淡定和表现画面形象的能力。每当此时，我总是即刻表达我的赞赏，并感叹自愧不如。

这就是我们常常进行的高效沟通。女儿回到家常常只有她一个人，她常常要一个人挤公交车，家长会也常常是我请朋友代为参加，但她不会感到孤单。多少次，我们远在千里之外，她得独自面对一切。对此，我多有愧疚，我常常向她道歉，她却总是很开心地说："你们不在家我多自由啊，同学都羡慕我，我很好。"

因此，我非常珍惜和女儿在一起的每一天，只要有空闲时间，我都会抽出一天对她说："今天我的任务就是陪你。陪你去你想去的地方，做你想做的事。”这一天，我会放下所有其他的牵挂，全心全意地陪在女儿身边。我们虽然聚少离多，但对彼此充满了肯定和信任，内心联结得很紧密，双方情感上的支持也越来越多。

有人曾经做过测试，中国的父母每天跟孩子在一起，有效的沟通时间不超过6分钟。这个发现让很多人非常震惊，也促使很多人自我反思：跟孩子在一起，到底是用心沟通、用心陪伴，还是只是形式上的陪伴？跟孩子在一起，是成功而快乐地享受亲子互动的过程，还是把自己的紧张焦虑传染给孩子？很多父母很忙，顾不上陪伴孩子，只能拿钱补偿孩子；有些父母虽有大量时间陪伴孩子，但总是处在焦虑和压力中，陪伴孩子的时间越长，对孩子的干扰和控制越大。

我也走过一段艰难的探索之路。最初我出去学习，总是占用双休日时间——这本该是我和孩子在一起的时间，我心里总是对孩子抱有歉意。曾经我因这份纠结而去跟老师讨教，老师反问我：“假如你不出来学习，你会有不同的方法跟孩子建立不同的关系吗？假如你占用一些时间出来学习，学到了新方法，自己有了成长，回家后可以用不同的方法面对孩子，使亲子沟通更有效，你会不会觉得离开孩子的这些天，反而给你们的生活带来了新的可能性呢？”

就这样，我带着内疚学习，也收获了越来越多的成长，这些成长又转化为我跟孩子相处的新思想、新方法和有效沟通的技巧。孩子和我享受着亲子相伴的快乐，我真正地明白了什么叫有效沟通，也真真切切地享受着和女儿的每一次沟通。

每当那些忙忙碌碌的成功人士向我讨教“这么忙，你怎么还有时间陪孩子呢？”时，我都会跟他们分享我的经验：“父母陪伴孩子，不在于时间长短，而在于质量高下。一分钟的快乐陪伴远比一天痛苦的相互折磨更有效。”女儿现已远行，我们只能通过网络和电话沟通，尽管相隔千山万水，但我们的心还在一起，我们还能享受亲子共同成长的快乐。

有助于考试的心理辅导

守在恰当的位置，给予孩子必要的支持，是父母帮助、促进孩子独立成长的有效方法。

在女儿的成长过程中，我始终守在恰当的位置，就是陪伴在她身边，观察她的情绪变化，做她的倾听者，在她有需要的时候帮她渡过难关。更多的时候，都是她自己往前走，我只是跟在后面。

真正为女儿做辅导，是她参加世界联合书院面试之前的那个晚上，她跟我说：“有点心慌，有点紧张。”

我问：“不想要心慌和紧张，想要什么？”

她说：“想自如地表达自己真实的水平。”

我脑子中跳出来“理解层次贯通法”这个技巧，便小心翼翼地问她：“假如我有办法能让你考试时自由、真实地发挥水平，你愿意试试吗？”

她说："那就试试吧。"

我大喜过望，马上准备了六张纸，写上理解层次的六个名称，摆在地上，让她在每张纸上站一下，给她一些引导，让她看到自如表现自己真实水平的资源、她仍然心不在焉，中间有好几次跳出来，说一些"不相干"的问题。

"妈妈，我觉得主考官都是女的。""妈妈，假如面试时，我回答问题太多，算不算自私？"她还说蔡校长希望她们的花房变得更专业，说请了学校校工来帮忙。我不满她的跳进跳出，但还是给了她及时的反馈。我告诉她我对"自私"的看法——机会对每个人都是平等的，能否抓住机会，取决于个人。既然大家平等，就没必要把机会让给别人。为什么要把机会让给别人？是你比别人水平高，还是觉得别人更差？轻易地"让"，实际上是对别人的不尊重。此外，你怎么知道这个机会让给别人更有效呢？你怎么知道这个机会更适合别人呢？

所以，不需要把自己放在别人的对立面，也没必要把自己放在比别人高或低的位置，只要平等地尊重每个人就够了。至于谁多说几句、少说几句，那并不能证明谁比谁强或弱。

对于"主考官都是女的"的说法，我没放在心上，只是认同地说："有不同的主考官，肯定会有女的。"

六张纸走下来有两三个来回，女儿已经放松了很多，重新看自己的目标，她说很轻松，她只想自然、真实地表达自己。这是我为她做的唯一一次辅导。

第二天早上，女儿轻松地去面试。10点多，女儿发来短信，说正如她所料，主考官都是女的。11点多，她告诉我她已经从考场里出来了，完成了自我介绍。我问："过程怎样？"她说："把主考官都逗笑了。开始有一个主考官不笑，我就心里想，一定要让她笑。我知道外教的笑点，所以我把那个老师也逗笑了！"她轻松地说着，我知道她自然、真实地表达了自己，提着的心终于放下了。

关于生命的深层对话

孩子要学着独立寻找自己的人生使命、价值，从而为这个世界创造更多的价值。

参加世界联合书院面试的前两天，女儿放假回来，我不知道可以为她做些什么。刚开学时，她曾要求我对她进行思维训练，那是我为她专门设计的：拟定一个题目，用手机发短信给她。她需要在三分钟内快速组织思路，表达自己的观点和看法，一般用"三三法"列出提纲。诸如，你对成功的看法是什么？假如你是美国总统，你会怎样做？等等。这些都是以往面试的题目。在此基础上，我又增加了一些人文题目，比如，你对中国的教育制度、考试制度有什么看法？你如何对待挫折？你如何看待中国传统文化中的孝顺？女儿开始不屑于回答这些问题。后来，她一边忙着会考，一边用洗澡的时间思考我的问题，然后用短信发给我，我读了之后，或者肯定，或者给她补充。一段时间里，我们两个热衷于这项活动，但通过短信交流毕竟有很多局限性。待她考前回家，我们两个就利用走路去理发的时机，开始了直接的对话和训练。

我要求她做快速思维反应训练。我随手指一样东西，她就要用“三三法”快速整理思维并表达出来。从一块砖头到剖析日本地震后很多人的心态，我们一路走一路分享。常常是讲着讲着，我们两个相视大笑。她越讲越明白，是她自己把自己给讲明白了；我也有很多灵感和触动，就她的观点予以补充，女儿常常也会马上叫好。我们就像两个痴狂的人，一路走一路说，一路说一路笑，都很激动、很兴奋。在这个过程中，我们两个人的大脑都像全速开动的机器，灵感不断地碰撞，绽放出很多火花，思维互补使得我们能够更透彻地分析问题。这是一个非常美妙的互相影响的过程，女儿的很多观点让我有拍案叫绝的冲动。

关于中国的教育制度和考试制度，女儿也有自己的观点和看法。她说她从小就不会考试，只会读书，她对分数和考试没有自信。直到进入这所中学，她的自信才一点点建立起来：原来重点中学并非那么难考。中考结束后，虽然她没有去向往的苏州中学，但当享受到园区校独特的教育资源时，她的自信心又增加了很多。在经历会考、模拟考试和实战考试的过程中，她突然爱上了中国的考试制度。她发现，中国的考试制度是在逼你去寻找适合自己的学习方法。考试制度没有错，能否寻找到适合自己的学习方法，才是考试带给学生的真正的收获。

两次模拟考试，她从两B两C上升为两A两B，慢慢感受到学物理的乐趣，数学成绩也越来越好。她付出了时间和精力，也收获了自我肯定和信心。她的成绩越来越靠前，成为班级第一名时，她看似平静的外表下充满了骄傲和自豪。

全力以赴准备会考时，她感受到了自我超越的快乐，感受到了找到适合自己的学习方法的乐趣，她也对中国的考试制度有了更客观公正的评价和看法。

通过一路的问答，我突然发现，女儿的内心世界如此丰富，那是我不曾触及的；女儿有很多成熟的思考，也是我没有预料到的。我为她所有的观点感动，也为她有如此成熟的看法感动。

我们的话题越扯越远，双方都从这些对话中获得很多触动和启发。关于世界联合书院对于女儿的意义和价值，我们有共同的看法：世界联合书院让她站到了一个更宽广的世界舞台上，跟不同种族、肤色的人融合，向他们学习。虽然只有短短的两年时间，但这两年的学习会培养女儿加深对生命的理解和爱。之后，女儿要学习独立寻找自己的人生使命，寻找自己的价值，为这个世界创造更多的价值。

散步是我们两代人之间进行深层沟通的一种方式，在这个沟通过程中，我们的思想汇集在一起，并碰撞出生命和智慧的火花。我们的谈话已经进入很高的层次和境界，也许有人认为我们的谈话是梦话和呓语，但我知道，在女儿面试之前，这种谈话是她需要的，是很重要的反思成长的过程，是寻找自己定位的过程，也是我不断反思和成长的需要。不管考官是否会出这些题目，这个交谈的过程都是美妙的、难忘的，也会对孩子产生深远的影响。

第三章

你相信什么 孩子就能成为什么

快乐的秘密并不是拥有更多，而是渴求更少。

The secret of happiness is not having more, but wanting less.

—— 冉安鑫 / 译 / 绘 ——

仓鼠事件：成长中的危机公关

不要害怕孩子会碰到危机，因为危机是促使孩子成长的最好时机。

女儿说假期要准备会考，不跟我们出去玩，我和先生就把放松时间提前了。我和先生来到三亚，正准备开始放松地休假，下午就接到了女儿的电话。

她急切地告诉我学校发生的事情：环保社的仓鼠咬了初一的一个男生，家长来学校闹，学生处主任把她叫了过去，要求她向家长道歉，把这件事情处理好。她很委屈：初一的环保社社员看天气太冷，怕冻坏了仓鼠，就自己做主把仓鼠带回了宿舍，这不是她安排的，而且那个男生是在逗弄仓鼠时被咬的，与她并不相干。她平时做了很多事都没有得到主任的肯定，可一出事，主任就不分青红皂白地训斥她，她觉得很委屈。她向生物老师询问仓鼠携带病毒的情况，又找了相关当事人了解情况，她认为不能把所有责任都推到环保社身上，那个学生也需要教育。她在给那位家长打电话时表达了自己的这些想法，这更引起家长强烈的反感。

她委屈、无助地在教室里大哭一场，然后打电话给我。在电话中，她还在哭，跟我表达她的委屈和愤怒。听到她在电话里哭，我一下子蒙了。在没有搞清原委的情况下，我先认同了她的委屈。我慢慢地询问事情的原委，直到厘清脉络，我感觉到这件事让她一个人处理不太妥当，她缺少面对这种冲突和挫折的经验，她还要面对学校领导、家长和同学，这对她来说是很大的挑战。我只能先稳住她的情绪，让她感觉到自己是被支持的，然后再引导她慢慢解决问题。

我不停地说："我理解你的心情，妈妈支持你，愿意做你的顾问，帮你解决问题。"女儿慢慢地平静下来，在她的哭诉中，我听到很多局限性的想法和不合理的看法，这些都是她需要突破的。我问她下一步的打算，她说她会赔偿被咬学生打疫苗的650元。我说这钱我可以出，但解决事情要一步一步来，不是出钱这么简单。

我给了她三条建议：一是召开全体社员会议，让大家吸取教训，避免以后再发生同类事件，同时征求大家的意见，把这件事变成社团成长的重要契机，而不是她这个团长一个人悄悄地出钱了事。二是向班主任老师或社团指导老师寻求帮助，请他们给予更有效的建议和指导，因为这件事的处理超出了她的能力，要学会求助。三是我给她的老师打电话，请求帮助。

听我说完，女儿又哭出了声："我们都在准备期末考试啊，我没有精力再去召集所有社员开会了。再说找老师们帮忙，让主任知道会生气的，他让我一个人去解决啊，我不要你插手，我要一个人解决……"我知道她钻牛角尖了，但我也只能尊重她的意见，让她自己去处理，同时鼓励她，相信她能做好。

放下电话，先生心疼女儿，情绪很激动，同时觉得我给的建议太虚。他觉得只有告诉女儿怎么做，才能帮助她。他又打电话给女儿，提出他的意见，并要求女儿按照他的方法做。我觉得他太难为孩子，我只在乎女儿的情绪，她只要感觉自己被支持，只要情绪平静下来，就有能力面对和处理这些问题，即使处理不好，她也可以从中学习到经验。我们两个各执己见，弄得很不愉快。这个过程肯定又增加了女儿的压力，事情究竟怎么处理，我们只能等她的电话说明了。

第二天，女儿打来电话，跟我们说了她的处理过程。她让当事学生写了事情的经过，自己也写了说明，同时召集将要上任的两个社长一起讨论解决方案。大家都认为要拿证据去跟家长谈，维护社团成员的利益，此外，也要让那个学生认识到错误，家长也要承担责任，医疗费不能全部由她出，要与家长商讨赔偿方案。她把写好的材料拿给领导看，领导们没看完，就说她不懂事，不会处理问题，惹恼了家长，给学校增加了麻烦……她越说越气，最后完全站在老师的对立面考虑问题。

我提醒她："你要摆好自己的位置，你们只是学校里的学生，要与老师、领导共同面对家长，而不是跟老师对立。即使老师的说法让你无法接受，你也不能带着这种心态对抗地想问题和处理事情。"她听了有所触动，但还是耍赖地哭了一会儿。我知道，这是她缓解压力的途径，如果我不允许她哭，她还能到哪里放松呢？所以，我只做她释放压力的港湾，让她在释放压力之后想到更好的解决问题的方法。

但我还是很担心，我也有自己的看法和评判。女儿在社团做了很多很多工作，我们家长也做了很多服务，可现在她却要独自承担这些压力，我也会觉得不平衡。但我不想说，因为事情既已出现，一定有它的意义和理由，我铁了心陪着女儿去面对和成长，引导她找到有效的解决方法。我心疼她在期末考试的关键时刻还要忙着处理这些事。不过，这件事能够让她了解到：做社团工作，不仅会收获开心和掌声，还要承担想不到的风险和阻力。

第三天，女儿又打来电话，说总是想哭，今天在学生处当着好几个老师的面大哭了一场。她觉得自己是对的，为了维护社团的利益，为了保护初一社团成员（带仓鼠回宿舍的那个男生很爱环保社，每天都会去花房锄草、喂仓鼠。假如让他出钱，会惊动他妈妈，他妈妈也许不会同意他再到社团来了），也为了让当事人吸取教训，这样做不对吗？“为什么被训？为什么不听我的解释，难道说真话不对吗？以后我到底应该怎样说话、做事？到底该怎样做人？我不想再做社长了，我不想再看到那些人，我什么都不想做了……”她哭喊着，我意识到问题的严重性：现在已经不是如何处理这件事的问题了。

累积的压力动摇了她的信念，在真诚和虚伪、坚持权利和承担责任、坚持和变通之间，应该怎样把握，她产生了困惑。如果有人能帮她一把，她就会解开困惑；如果让她就此消沉下去，她可能不会再有热情参加活动，也不再敢主动承担责任，这种创伤也许会把她带到另外一个方向。

于是，我又一次建议她向其他老师求助，包括一直关心他们的蔡校长、陆敏老师等。她又开始犹豫：“要是我的理解跟主任的看法有偏差怎么办呢？要是我说的只是我理解的，不是事实怎么办呢？那不是我的问题吗？”这句话让我暗自欣喜：她已经开始反思了，明白自己看问题的角度有主观性。我趁势说："假如有这种可能，你更需要去与第三者讨论一下，看你的观点和看法有没有偏颇，看主任的想法和做法有没有合理性。"

她沉默了，我又分析我和她爸爸对这件事的不同观点和看法，跟她说："你看，即使是最爱你的人，对同一事件都会有完全不同的看法和做法，效果也各有利弊，你能说老师的言行完全没有合理性吗？多听听不同人的看法，也许你就不会这么轻易地否定自己了。"

那几天苏州下大雪了，女儿说她考完试就去堆雪人了，前两天因为在教室哭，没心情跟大家去打雪仗，很懊悔。

第四天晚上，我们返回前，学校因雪大提前放假。考试中止了，孩子们上午就可以回家。我请朋友去接她，朋友提醒我说孩子看起来很疲惫，因为学校社团发生的事情，她很难过。

我们从虹桥机场赶回家已是第二天凌晨，女儿一个人在家睡着了。早晨醒来，她问我："妈妈，你是否跟哪个老师说了那件事？为什么昨天所有的老师都来找我，校长助理姜老师、陆老师、管社团的邓老师、蔡校长，他们轮流来找我，终于有人可以静下心来跟我谈了，我就哭了一场又一场，一切都不同了！""就是嘛，我一直建议你向不同的人求助，可你坚持不动，自己钻到死胡同里待了好几天。跟他们谈过之后，你有什么看法？在这个事情中你学到了什么？"

她表示已经知道了，但不想再谈这件事，太痛苦了。但我坚持让她说出来，她就掰着手指如数家珍地说："姜老师让我明白了灵活与坚持的重要性，甚至变通的意义，让我明白老师们也会遇到很多困扰，这都是正常的；邓老师说不要因为出现一次问题就让自己消沉下去，做社团是做公益，不能因为做公益就要求外界只给自己赞扬，要面对可能出现的误会和委屈，这也是要承担的责任，做公益是没有特权的；王老师让我明白，问题不要想得太复杂，需要跟家长道歉就真诚地道歉，承担自己该承担的，其他的事不要管；陆老师嘛，当然还是像最温柔的好妈妈一样，心疼我、安慰我，让我知道实际上有很多人都爱我……”

听到女儿这些话，我彻底放心了，但还是补了一句：“还有一条，就是要学会向别人求助，向不同的人求助！”她欣然接受。我能感觉到她多日来的疲惫，同时也感觉她又长大了很多。这么多天的挣扎，对她未来的人生有非常重要的意义和价值。感谢学校的老师们，帮她迈过成长中的又一道“坎儿”，让她学到了很多，也让她得到了很多爱。

雪停了，天也晴了，寒假开始了！

零花钱与做家务

享用父母给的零花钱，是孩子的权利，而非父母的恩赐；帮助父母分担家务，是孩子的义务，而非父母的压迫，这个道理父母和孩子都应该懂。

我小时候是没有零花钱的。那时候家里很困难，吃冰棍儿、买零食都是稀罕而特殊的奖赏。不知不觉中，“小孩子不可以乱花钱”的信念深深地种在了我的心里。

女儿出生后，这种信念也在不知不觉中支配着我。我很少让她吃各种各样的时尚零食，一是考虑到其中有添加剂不健康，二是怕这样吃会养成坏习惯。

即使给她买零食，我也会将零食藏在家里不容易被发现的地方。在她表现好的时候，就给她一些零食做奖励。对于零食，她没有决定权和选择权，当然我也没想过要给她零花钱。直到三四年级的时候，我发现口袋里的零钱经常莫名其妙地失踪，才开始注意她的行踪。

有一天，我听到卧室里有硬币掉在地板上的声响，走进房间我只看到了孩子，没有看到硬币，先生的衣服就挂在房间里。我警觉到，她是在拿她爸爸口袋里的零钱。我觉得这是一个很严重的问题。在没有惊动先生的情况下，我把女儿叫到她的房间里，关上门，一脸严肃地跟她谈这件事。我问她：“你拿了爸爸的零钱，是吧？”

她一脸无辜，很坚决地说：“没有。”

我心里想：“拿了钱还撒谎，两罪并犯，这问题更大了！”

同时，我脑海中又出现另一个念头：她为什么要偷偷地拿钱，而不直接跟我们要呢？我的思绪一下子跳回了自己小时候，想起每次鼓起勇气跟爸妈要钱的艰难、尴尬，我好像明白了她的想法。

我改变了沟通方式，握着她的手说：“其实我知道，你不是不想要零花钱，你只是张不开口跟我们要，是吗？”

她看着我的眼睛，流着泪点了点头。

我又问她："你能穿妈妈买的衣服，能吃爸爸做的饭，为什么不能跟爸妈要零花钱，而要自己拿呢？我知道，每次拿钱的时候，你都非常紧张、非常害怕，为什么宁愿这么紧张害怕，都不主动跟我们要呢？"

女儿想了想，小声地说："跟你们要钱很尴尬。"

听到"尴尬"这个词，我一下子就懂了。当年我跟爸妈要钱也是这种感觉，知道爸妈赚钱辛苦，要零花钱有负罪感。现在的条件比我小时候好了很多，可女儿竟然也会有这种想法，我很震惊。

"那为什么你吃我们做的饭、穿我们买的衣服、看我们买的书不尴尬呢？"我进一步追问。

她说："那些是应该的，零花钱是不应该的。"

这个念头跟我小时候的想法也惊人地相似。

"你拿了零花钱都买了什么？"

"买学校门口摊上的酸辣丝，5角钱一包；买小摊上的干脆面，一元钱一包。"

"那些东西没有营养，而且也不卫生，干吗要吃那些东西？"

"小朋友都吃，我也馋。"

我懂了，懂了一个孩子的需要和渴望。我决定满足孩子的这个需要，让她懂得支配零用钱。

我告诉她："过去我不知道你有这些需要，所以我没有给过你零花钱，现在我知道你也想有自己可以支配的零用钱，说明你长大了。从现在开始，我会给你零花钱，好不好？"

她的反应没有我想象中那么欣喜。

我继续说："这样吧，现在我们商量一下怎样给你零花钱，标准是什么，多长时间给一次。"

她想了想："三天给一次吧，三天一块。"

"好。可是我记不住的时候你得向我要，好不好？"

她摇摇头："不好。"

"为什么？"

她又用了那个词："我很尴尬。"

我明白，在她的生活中，没有主动要零花钱的经验和示范，所以我要给她示范一下。

我说："你不跟我要，我会忘记的。所以只有你要了，我才能想起来。现在我们两个交换角色，你做妈妈，我做孩子，我让你给我零花钱，好不好？"

她开始有一点放松。

我把几个硬币放在她手心里，然后扮成小孩子向她伸出手："妈妈，我长大了，我要零花钱。"

她看看我，没理我。

我继续假装撒娇一样地央求："妈妈，我长大了，我要零花钱嘛！其他小朋友都有，我也要。"我扯她的衣角，央求她。

她一脸威严地拿出一枚硬币放在我手心里，对我说："喏，给你，挣钱不容易，花钱要仔细，小孩子不能乱花钱的。"

我一边答应着"好好好"，一边又开始说："妈妈，又是三天了，又该发零花钱了。”

又是要了两次，她才拿出一块钱来，还是念叨那几句：“挣钱不容易，花钱要仔细……”

她以往跟我们要钱时，我们常随口说这些话。这些话已成为她要零花钱时感到内疚、尴尬的压力源。经过我的几次示范，她学到了：她有资格向妈妈要零花钱，这是一件很自然的事情，她可以不用感到“尴尬”。

然后，我要求换回角色。她是孩子，我是妈妈，她要跟我要零花钱，模仿我刚刚的样子。

她万般扭捏地凑到我身边，用刚刚可以听到的声音对我说：“妈妈，零花钱。”

我马上拿出一元钱放在她手心里说：“好好好，女儿长大了，可以用零花钱了，妈妈很高兴，这钱给你花吧。”

女儿拿到了钱，但不是很自在，不过她已经走出了第一步。

我问她：“要不然我就把一个月的零花钱都给你，你先存着用吧？”

她说：“不行，那样我会一口气都花完的，还是三天给一块吧。”

就这样，女儿的台历板上出现了很多红色的记号，她认真地把发钱的日子用圆圈画出来。那是对她自己的提醒，也是对我的提醒，可我坚持“必须她亲口跟我要，我才给她”的初衷。我想用这样的方式慢慢地教会她，放松而自然地跟爸妈要零花钱，我想让她明白，她有资格享受零花钱。

虽然每次女儿都很扭捏、很不自在，可是慢慢地，她越来越放松，开始享受跟我要零花钱的过程。

过了一段时间，我发现一块钱根本做不了什么，就想提高她的零花钱标准，可又觉得随意提高零花钱的标准可能不利于品质的培养，于是我就跟她商量：“你愿不愿意帮我做家务？一个小时可以赚10元钱，这10元钱可以做你的零花钱。”

她很亢奋：“好啊，好啊，太好了！这样我一个小时可以赚10元，我一天做5个小时就可以赚50元。”

我一听这话又慌了，对她说：“不行，你一个星期只能做一次家务，赚10元。”

她想了想还是同意了，就这样，她承担起了清扫房间桌面灰尘的任务。星期日我搞卫生的时候，她也拿抹布擦洗各个房间的台面，做够一个小时，我马上发给她10元钱，至于怎么支配完全是她自己的事情。她兴致很高，经常主动积极地找事情来做。

可是，过了一段时间我发现，当零花钱积累了一些后，她就对做事情不太起劲了。临时安排她做些事情，比如倒垃圾、帮我拿一些东西，她会说：“我零花钱够了。”或者说：“拿一次多少钱？”我觉得情况又改变了。

于是，我又跟她谈：“你是我们的孩子，我们养你，给你买书、买吃的和穿的，都是我们的责任，给你适当的零花钱也是我们分内的事情。所以，我想从现在开始，每月按时给你零花钱。但你作为我们家的孩子，一个重要的家庭成员，也要帮我们承担一些家务，做一些力所能及的事情，这也是你分内的事情，不管我们给不给钱，你都需要做。从今天开始，零花钱我会按时支付给你，也请你帮我们做家务，尽你家庭成员的责任。我们把这两件事情分开，零花钱不需要用做家务的方式来换取，好不好？”她想了想，同意了。

从此，我们给她零花钱变成自然的事情，她帮我们做家务也变成自然的事情。当然，随着她住校、长大，零花钱已经涨了好几倍，我们也越来越放心，知道她可以有效地管理自己的零花钱，知道她会精打细算，会把这些钱用在买书、学习用品、吃的东西上。

有人说：“关于金钱的教育，也是一种非常重要的教育。”在零花钱给付的过程中，我看到了自己的局限，也欣喜地看到自己根据孩子成长需要所做的调整。我摆脱了自己当年要零花钱的负罪心理，也帮助女儿突破了索取零花钱的尴尬。

她既承担了家庭成员的责任，也有资格享受爸妈给的零花钱。这个过程让我意识到：在孩子的成长过程中，没有哪种方法永远有效。我们要做的是观察孩子的状态，发现他的需要，寻找适合他的方法和技巧。

后来，女儿做了环保社社长，对环保社基金的运用和管理让我十分欣喜。她会把自己的钱和公用的钱区分开，这是很难得的状态。

生活比网络更有趣

电脑和网络很有趣，但真实的生活比电脑和网络更有趣，父母的责任就是帮孩子发现这一点。

女儿大概从一二年级的时候开始痴迷电脑上的一些小游戏，连连看、串珠子……她也会和同学交流玩游戏的技巧。

只要一有空闲时间，她就坐在电脑前上网玩游戏，以往喜欢做的运动、喜欢看的书都顾不上了。我着急了。当时，我在一所民办学校做心理健康老师，每当走进电脑特色班，我的内心就非常沉重。教室宽敞明亮，可为了看清电脑屏幕，孩子们拉上了厚厚的绿色窗帘。

教室内看不见孩子的笑脸，只看到36个学生，围在36台电脑前，拼命“冲浪”。他们全神贯注地盯着电脑屏幕，看不到其他人，不关心其他事，只有眼前的屏幕，只有操作中的游戏。因为平时上课不允许打游戏，所以他们每节课都忍受着煎熬，盼着老师下课，下课后就可以打10分钟游戏，这10分钟本来是孩子们游戏、打闹、上厕所、散步的时间。

看着孩子们如此痴迷地流连于网络世界，我心里很难受。孩子的父母看到孩子放弃了阳光，放弃了玩耍，放弃了读书，只面对虚幻的世界，会有怎样的感受呢？我也是孩子的妈妈，我不会让我的孩子过这样的生活。

每次给电脑特色班的孩子上课，我都要费好大的力气把他们从虚幻的世界中拉出来，打开窗帘，让他们看到阳光，学习在现实世界中生活。看到我自己的孩子也越来越沉迷于电脑，我的心揪在一起了。

我很认真地跟女儿说："你玩儿完这局游戏，我要跟你谈一谈。"女儿感受到我的沉重，她走到我面前的时候，脸上满是做错事的紧张和恐惧。

我拉她坐下，先给她描述我在电脑特色班里常见的景象和我内心的感受，然后对她说："我是你的妈妈，我希望你活得阳光，希望你快乐，希望你有丰富的人生体验。我喜欢看到你跟小朋友一起玩，我也喜欢看到你读书的专注样子。可你慢慢把自己的这些乐趣都丢掉了，花越来越多的时间打电脑游戏，我很着急。是的，电脑中会有很多乐趣，可是我们生活的这个世界更丰富，除了电脑游戏，还有很多其他的乐趣。你以前那么爱读书，我很开心，因为每次读书之后你都变得更有智慧、更聪明。你跟小朋友在一起打闹，我也很开心，因为我看到你在阳光下奔跑会更健康。现在的你让我很担心，在你身上我看到了那些学生的影子。打游戏，不是你生活的全部。"

因为我说得严肃而认真，女儿听得也很认真，慢慢地开始流泪。我帮她抹去眼泪，告诉她："妈妈不反对你打电脑游戏，但是从今天开始，我们要约定一个玩游戏的时间。每天或是每个星期你可以在电脑上玩多长时间，我们两个一起来讨论一下。"

她想了想："每天半个小时吧。"

我说："那也好。半个小时后是你自己从上面下来，还是我提醒你，或者其他人提醒你才下来？"

她想了想："我自己在电脑上会忘记时间，你们提醒我吧。"

我又问："假如我提醒了你，你不下来怎么办？我会忍不住发脾气，会忍不住训你，那样会伤害到我们之间的感情。"

女儿狠了狠心说："我要是不下来你就关掉电脑。"

我又问："假如我关了电脑，你会不会发脾气？"

她说："既然我们约好了，我就不会发脾气。"

因为有了这段讨论和约定，接下来的一段时间里，我充当了她的监督人。我知道电脑对一个孩子的诱惑有多大，不要期望一个沉迷在游戏中的孩子记得时间，可以毅然决然地按规定时间离开电脑，爸爸妈妈要帮助孩子，帮助他们培养拒绝的能力。

我成了报时的钟点工，半个小时到了，就去提醒她。因为我们有约在先，一般她会马上离开电脑去做其他事情。有时她像没听见一样，我就开始执行第二个方案，一边走过去一边提醒她："我现在要关电脑喽？这是我们事先约好的。"我一边说一边帮她把电脑关掉，强制她离开电脑的诱惑。

坚持了一段时间后，她花在电脑上的时间越来越少了，对阅读、做游戏、画画的兴趣又慢慢地恢复了。偶尔用电脑时间长一些，我们也会给她特许。

慢慢地，她对电脑的兴趣也就淡了。上初中以后她住校了，有些老师会通过网络布置作业。每次放假回来，她都会花很多时间待在电脑旁，查资料、看动漫、了解小栗旬和《士兵突击》。她不太聊天，更多的是查找资料。因为一个星期才上一次网，我们也就默许了她自由安排上网时间。电脑成了扩展她与世界联系的有效工具，她了解到很多人、事、物的信息，通过网络上一些曲曲折折的途径，她选择好看的电影、电视剧，她去看大家推荐的书、去听大家推荐的音乐。

在这个过程中，她的视角越来越独特，她接触的人也越来越多。她开始循着大家的介绍去看、去听、去想、去阅读，她也循着大家的介绍去找感兴趣的资料。慢慢地，她喜欢上了20世纪欧美的爵士乐。她说数学题做不下去时，最有效的方法就是听爵士乐，这样她做题会越来越有激情。她对爵士乐的了解完全来自网络。和学校50多岁的外教谈起爵士乐时，她兴奋得不能自已，已经很久没人跟她谈这个话题了。兴奋之下，老师竟当众哼唱了一首曲子，那是遇到知音时喜悦的表现。

她也通过网络看美剧，接受欧美文化的熏陶，感受欧美人的特点。面对世界联合书院的考官，她清楚他们的笑点在哪里，懂得如何说能让那个绷着脸的老师笑起来。她对英语的兴趣也来源于听欧美歌曲和看美剧。

网络成了女儿非常好的老师，很多年轻人都好奇，她怎么会知道那么多奇奇怪怪的网站。有一次我去西安出差，她给我发短信，让我到西安市的书院门，靠近东门的倒数第三个摊位，向摊主小哥买两把他自画的扇子，扇面上要画菊花，扇背要写“百毒不侵”，连落款都是她安排好的。我按她的指示，非常准确地找到那个瘦瘦的、有些书卷气的摊主小哥，向他求了两把扇子。

我还好奇地问："为什么我女儿知道你如此准确的信息？"

他说："我也不太清楚，有一个什么群主曾经在我这儿买过扇子，并在自己的群里宣传了一下。之后，每天都有全国各地的年轻人到我这儿来要求画扇子。"

我知道，这又是女儿从网络上寻来的信息，我这个童心仍在的妈妈，在满足女儿的乐趣的同时，也经历了一次特殊的求扇经历。

女儿习惯利用网络安排生活，包括到哪里玩、买哪款相机、买雕刻工具，等等。网络锻炼了她自我管理和鉴别选择的能力，她还通过网络自学了很多东西，如刻橡皮章的技艺、画T恤衫的技艺。此外，她还在网络上发现了许多奇奇怪怪的玩意儿。她利用网络的教育功能和信息功能丰富了自己的人生。

网络是把"双刃剑"，避免成为"洪水猛兽"的唯一方法是：让孩子们在网络中发现比浏览黄色网站、暴力网站更有意义的事，让他们发现与自己的生活密切相关的资源和信息。

我曾经试探过女儿："很多成年人对网上的黄色信息非常恐惧，担心孩子会误入歧途，你是怎么看的？"

女儿说："好奇心总归是有的，但只要允许孩子探索和发现比黄色网站更有意义、更有价值的宝贝，让他发现自己可以从网络中得到更多有意义的帮助，他自然就会慢慢地放掉那些简单的好奇和兴趣。前提是要给孩子空间，让他慢慢地确定自己的方向和兴趣，害怕是没有用的。大人们总是很蠢，以为可以管得住孩子，实际上，只要孩子发现了对他有好处的东西，他就会自动选择。不光网络是这样的，社会也是这样的，都有好的和不好的东西，只要引导孩子形成正确的价值观和世界观，孩子会自动选择对自己最有用的东西。”

女儿的这段话很有哲理，我也更加放心。女儿要耗费很多时间在网络上，会熬夜到很晚，我也只好接受这种状态，因为只有满足她的这些探索和收集需要，她才会更加安心地读书、学习。

在无限的网络空间里，女儿慢慢地长大了、成熟了。

用自信迎接小升初考试

沮丧时，孩子渴望得到父母的理解和鼓励，这样他才能重建自信，做出更好的表现。

女儿小升初考试前夕，学校开了一次家长会，这是我们夫妻俩第一次非常认真地参加会议。当听到以她的成绩无缘进入学校的重点班进行总复习时，我们的心情很沉重，回家的路上，两个人默默无语。我们没有为女儿的学习操过一点心，不知道怎样去找一个让女儿再学习的环境。回到家，我跟先生说：“我们先不要怪孩子，她学成这样也有我们俩的责任。先看看我们可以做什么，看看她还有什么资源可以挖掘，等我们理顺了再来和她谈，好不好？”先生答应了我的要求，我担心他易躁的情绪会给女儿带来更大的压力，所以我要求自己先整理一下思路。

我坐在桌前沉思良久，然后拿出三张白纸，分别画了一个人形，第一张纸写“现在的女儿”，第二张纸写“她潜在的资源”，第三张纸写“我们可以做什么”。然后逐条地分析女儿现在的情况，爱学习、爱读书是她的优势，只要拿到书就会如饥似渴地读，从小学一年级开始，她就是班级的“博学之星”，甚至在整个班级里掀起读书的热潮。

从《福尔摩斯探案集》到《哈利·波特》，还有我书架上的那些书，她都看过。当然，她也看过我没看过的书，包括日本的漫画，还有很多文史哲类的书。她完全凭着自己的兴趣读书，没有跟随应试要求，更没有受过任何专门的训练，我们也从未强化过她关于成绩和分数的认识。她的成绩还有很大的上升潜力。她在数学上下的功夫最少，只要给她足够的训练时间，她沉淀的那些知识就会被激发出来。她对这个世界浓厚的兴趣和好奇心，她的聪明、活泼和充沛的精力，还有进步飞快的特质，都是她潜在的资源。只要我们用心帮她挖掘这些资源，只要我们让她看到这些资源，就一定会有好的结果。

我又开始划分我和先生在孩子小升初考试之前的责任。我承诺每天按时做早饭，陪她解决数学难题，或者找数学老师解决难题；她爸爸则负责每天晚上做好晚饭。画满三张纸之后，我的心安定了下来，一个很强的声音从心里发出来：“一个如此爱读书、如此爱学习的孩子，怎么可能找不到一个好学校读书？”我也突然充满了信心。

我把先生叫过来，跟他分享这三张图。先生的面色越来越舒展，越来越放松，他的沉重和紧张也得到了缓解。

我去叫女儿，她耷着肩、低着头走过来。看到她的样子，我很心疼，我们过去给她的支持太少，忽略了提高成绩的能力的培养。现在，是我们帮她的时候了。我请女儿坐在桌前，跟她分享这三张纸上的内容，女儿越听腰板越直，最后整个人都舒展放松下来，说了一句："我本来就是天才嘛！"那一刻，我内心有很多欣喜，这才是我的女儿，这才是这个时候我们应该为她做的事。

对于孩子来讲，小升初是一次特别的考验，需要爸爸妈妈的帮助和支持。父母也承受着很大的压力。如果父母没有觉察并及时处理自己的压力和焦虑，就会用指责和抱怨的方式把压力转嫁到孩子身上，让一个没经验、没能力的孩子承担这些，那后果可想而知。缓解孩子的考试焦虑，需要父母和孩子互助。从那天起，我们开始全力协助女儿迎接小升初考试。

很多数学题很难，我也不会做，便向老师寻求帮助，有时找不到老师，我就说："不会做就算了，这些题这么难，不会做是正常的，妈妈也不会做，今天不也活得挺好吗？做不出来就做不出来吧。"每天吃过晚饭，我会陪她散步一小时，会在她做作业的时候为她播放放松的音乐，有时候给她挠痒痒，床上床下地翻滚。这些看似跟做作业没什么关系，但我知道，这对她来说是被支持、被陪伴的过程，是减轻压力的过程。当然，我们也请求学校给她一个机会，测试她的水平。在老师的帮助下，她进入了重点班，参加了后面一个多月的复习。

小升初考试时，我送她去考场，心里一点儿底都没有，我不知道她会考得怎样，也不知道下一步该怎么办。按照学区，她要去一个非常辛苦、考试压力极大的学校，那不是我们想要的；或者去一个不知道底细的新建学校，我们也不愿意。她自己选择了苏州中学园区校，因为她想去那个学校“生活”。张昕校长“教会孩子生活”的理念、全新的校园、舒适的住宿条件吸引了她。

考试结束之后，我没有勇气去问成绩，直到学校打来电话，催我们去办手续，我才敢问分数。老师告诉我，她的成绩远远超过了分数线，我才长舒一口气：这次升学考试，她考出了小学六年中最好的分数！

女儿一路照顾自己的学习。小学如此，初中也是如此。初一，她很放松地玩，体验中学生活；初二，其他同学还在玩时，她决定做一个好学生，好好读书了。于是，她埋下头，每天花很多时间学习。成绩很快就位列班级前几名，这种情况一直持续到初三。她对学习有信心了。只要能够静下来多做题，多琢磨这些课程，她也可以像那些优秀的学生一样，在班级甚至年级领先。

她变得更加自信、自律，自己设计和安排学习过程。

高一那年，她很压抑，物理和数学学得很吃力，她把自己封闭起来，拼命地抠那些难题，花费了很大的精力，可效果并不明显。老师劝她，我们也劝她，可她仍固执己见。那一年，她的情绪到了最低谷。高二文理分科，她万般不甘心地选择了文科，最后却体验到了学习的快乐和轻松。

女儿很少炫耀她的分数和名次，我们也很少体会女儿成绩好的光彩，大家更认可的是她爱读书、兴趣广泛、有思想。作为心理咨询师，我的情绪也没有受到女儿成绩的影响，我不断地提醒自己："成绩是她的事，学习是她的事，我能够做的就是给她独立探索的空间，让她体会分数高低升降的滋味。"

放下分数这个敏感的话题，我们的沟通更加轻松，话题也更加广泛。把学习的责任交还给孩子，我们也获得了更多自由，情绪也不会因为她的成绩变化而起伏不定。支持她读书，支持她探索世界，这是一件喜不自胜的事情。

过程比结果更重要

梦想的美妙之处在于追求梦想的过程，而不是最终的结果。这一点，父母一定要让孩子知晓！

初二的一天，女儿从学校回来，神情很是黯然，不像以往那样叽叽喳喳。我觉察到不对，想跟她谈谈，问她发生了什么事情，她却连谈话的兴趣都没有。我意识到问题的严重，强烈要求跟她谈一下。女儿坐在椅子上，垂着头，用很微弱的声音说："实现不了了。"

我说："什么东西实现不了？"

她说："农场的计划实现不了了。"

我好奇地问："未来的事儿，现在你怎么就知道实现不了呢？"

她吞吞吐吐地跟我讲了事情的原委。有一天晚自习，同学们在一起闲聊，讲到了地球环境污染严重，讲到了"2012"那个世纪性预言。有同学提醒女儿："你不要再带着你那个梦想活着啦，到时候地球都变成汪洋一片了，哪里还有什么土地可以让你做农场主。"那个同学的话给了女儿重创，她好像一下被打倒了，支撑她的信念支柱一下子塌了。她陷入了消沉的深渊，觉得做什么都没劲儿，失去了往日的活泼。

在女儿的诉说中，我真实地感受到了这份痛苦，我年轻时也曾体验过这种痛苦，支撑自己的信念突然受到冲击，感觉整个世界都垮了，我挣扎了几个月才走出来，我完全能理解女儿的痛苦。

我拉着她的手坐下，告诉她："我明白你的痛苦，我当年也体验过这种痛苦。想做一个好老师的梦想被现实打破后，我感到非常痛苦。"我跟她分享了自己当年的成长过程，跟她描述了梦想被现实冲击时的感受，告诉她如何寻找内心最真实的渴望和精神支持。这是个艰难而有意义的过程。我还跟她分享了自己职业生涯的若干次变化，分享童年的梦想的意义，告诉她没有哪个人一生下来就知道自己适合做什么。人就是在寻找"适合做什么"的过程中长大的。我跟她分享了很多朋友的职业生涯经历，包括他们的校长张昕的经历，她听起来很有兴趣。

我想让她明白："农场主的梦想，重点不在于能否实现，而在于种一颗使自己和世界连接的种子，让自己带着负责任的态度安排自己的人生。未来她能实现梦想当然最好，如果不能实现梦想，她也会找到更适合自己、更符合社会需要的职业。"

人谋生的过程，也许就是寻找的过程。只有寻找了，才会不断地跟现实连接，才能找到适合自己的位置和方向。

通过这样一段真诚的分享，女儿慢慢放松下来。她开始观察我在地上用小玩具设置的人生成长轨迹。她看到了从初二到未来有多少可能性，慢慢地从沮丧中走了出来，脸上又有了笑容。

她说："知道啦，我要开始学习了。"她又重新坐到了书桌前。看到她从梦想破灭的失落中走出来，我感到无比欣慰。女儿当年不经意的一句话，陪伴了那么多人，这一方面得益于女儿敢想，另一方面也得益于我的思维转换。"用理想管理人生"，是我做培训、做咨询时常用的话题。理想跟梦想最大的区别在于，梦想只停留在头脑中，当梦想跟现实紧密连接，开始管理人生时，梦想就变成了理想。理想的实现需要很多外在条件，包括社会环境、个人素质等。理想的意义不在于能否实现，而在于让人负起责任，积极主动地管理自己，靠近心中关于未来的美好愿景。

我曾经用这样的方法，帮很多人做人生规划。我也这样一路为自己设计，找到内心深处的渴望，找到自己真正的兴趣。我一直过着幸福快乐的生活，不是因为上天对我厚爱，而是因为我清楚自己真实的需要，忠于自己内心的声音。这既符合"三赢原则"，又符合责任和使命担当。我也能享受到成功和快乐。

我跟女儿和其他朋友分享自己的亲身经历，帮助他们勇敢地设计自己的未来，调动周围所有的资源，支持孩子实现未来的愿景和梦想。这是一个看似滑稽但越来越有意义的过程。我不知道是不是因为梦想的种子在她心中萌发了，她高二时竟选择了做环保社社长，算是提前实现了做农场主的梦想，她带着70多个社员，经营着那个几十平方米的有机农场。

女儿曾经说，有一天她看到每一颗种子都长出了不同的叶片，感受到每一颗种子都有生命的形状，每一颗种子都为有机农场增添了生机和绿色，她无比感动。“我那一刻真的想给这些花花草草跪下，感恩它们如此旺盛的生命力，感恩它们如此的与众不同，感恩它们给予大家的陪伴和支持。”她说。

说来也巧，当女儿拿到皮尔森学院的录取通知书时，我们同时知道，为苏州的孩子提供奖学金的那位先生，就是加拿大的一位农场主。他过世后，他的女儿接班继续资助苏州的孩子们。一个梦想成为农场主的孩子，冥冥之中得到了真正的农场主的捐助，这个梦想也成为她面试时的一个话题。她讲起梦想的时候，逗得几位考官哈哈大笑。在十几年的成长历程中，她与梦想并行，与理想同行，在梦想的感召下更多地亲近自然、土地。她坚持要40岁以后开农场，至于用什么方式拿到一个农场，她一直没有明确说明。

初三的某一天，她跟我们聊到宿舍卧谈时，突然说：“妈妈，我找到了一个做农场主最快的方法。”

“哦？什么方法？说来听听。”我很感兴趣。

她说女同学们在聊“假如不读书而去嫁人会怎样”的话题，她也想到了成为农场主最简单的方法：嫁给一个农场主，这样就可以直接在农场里晒太阳。

我被她逗得哈哈大笑，她真是随时随地将生活跟理想连接起来。嫁给农场主，还真是女孩子成为农场主最有效的方法和途径。我说："我同意，你用什么样的方法我都同意。"

那天之后，我知道她心里对怎样才能走到做农场主的路上去，也许有新的寻找和探索。我也完全放手让她自己探索。20多年之后会发生什么，谁也不知道，但我知道一点：女儿每天都会认真地记着她的梦想。我放心地把她交给她的梦想。

"练琴伤害了母女关系"

尊重孩子的意愿，不要把自己的想法强加到他们身上，否则只会得到亲子关系破裂的结果。

在我心里，学钢琴是一件很奢侈的事情。让女儿学钢琴，最初是因为她那双纤长的手。看到她那细长的手指，我的第一反应是，这是学钢琴的手。这个想法也就埋在了我的心里。

她5岁时，我们在泉州生活，我们当时的邻居就是音乐老师，她很喜欢我女儿，经常带她到琴房去弹琴。虽然时间很短，但她的节奏感很好。当我们到苏州有了自己的房子后，我们做的第一件事就是买钢琴，请老师到家里来教，那时候她还很有兴趣。

钢琴老师很年轻，也很严厉。女儿很乖，每天在固定的时间练琴，我在旁边陪着。后来换了一个中年男老师，他的儿子考上了上海音乐学院，他很“牛气”，教琴时有很多要求。我们也慢慢掉到了一个陷阱里：忘了为什么要练琴。我们坚持每周去练琴，是为了得到老师高的评价。女儿有时候弹得很好，有时候又很不在状态，我的情绪也跟着起起伏伏。

她8岁那年暑假，老师建议我们带她去考级，并建议她考三级。那个暑假女儿非常勤奋，在老师和我的要求下每天刻苦地练琴。天很热，她汗流浃背地坐在钢琴前，一弹就是六七个小时。有时她央求我说：“妈妈，好了吗？”我会说哪里哪里不好，继续弹。她就会将肉乎乎的小拳头朝键盘砸去。

暑假就这样过去了，她完成了三级考试。在这个过程中，有多少次我气急败坏，她泪流满面；有多少次我不敢发作，一个人跑到厨房里发泄；有多少次我声嘶力竭地说教、训话，我都不记得了。

直到有一天，我发现钢琴左边两个琴键上多了两道刻痕。

“为什么会这样？”我问。她说：“妈妈，钢琴把我们母女的关系破坏了，是我用刀砍的。”她两眼含泪，哀怨地看着我。听到这句话，我很震惊，我开始反思我们为什么要练琴。培养一个演奏家？我们没有这样的天分。培养兴趣？但兴趣已经变成了折磨。培养耐性？耐性背后又是什么？我们到底要坚持什么？我也筋疲力尽了。为了陪她练琴，我每个晚上都留在家里，没有任何娱乐活动和社会交往，我们两个都处于高度紧张的状态。

我变成了一个只会说“No”的“凶狠的家伙”，女儿也越来越应付，这是我们想要的吗？后来我跟她商量：“既然这样，我们就不弹了吧？我坚持不了了，你也不想弹了，我们就把钢琴送人或者卖掉吧。”她说：“不，我要弹。”

我们想换一个钢琴老师，不要求考级，只为培养孩子的兴趣。朋友介绍了一个很温和的女老师，是典型的苏州人。她家很远，每次带女儿去上课，要花费一个小时。

冬天的晚上，那段路更漫长。我曾不小心摔过两次，女儿总是很坚强地说“没事”，即便腿上划了一道伤口，她仍然说“没事”。一段时间后，我们发现，即使不考级，练琴也要投入，用玩耍和游戏的状态练琴是练不好的，还会被老师批评，又会打击女儿练琴的积极性。

到了小学四年级，我的精力实在不济，女儿的学习压力也大了，我们最后决定不再练琴。虽然女儿还是不甘心，可我看到了我自己的局限：我没有办法创造快乐让她练琴，不想再这样折磨她和我，我想享受甜蜜、幸福的母女之情。这比练琴重要。

后来，我们在小区里听到钢琴声时，她总会快走几步。我后来才明白，她怕我们在这个时候说：“看看人家孩子都在练琴，你不练琴多可惜。”知道原因后，我尽可能不提醒她，也是在那个时候，我感受到了练琴给孩子带来的心理压力。钢琴可以带来音乐享受，却成了她心中的阴影。

在她爷爷弥留之际，她爸爸从老家打来电话，我和女儿都很伤心，我提议："女儿，给爷爷弹一首钢琴曲吧，送爷爷走。"女儿含着眼泪弹了一首《献给爱丽丝》，那是远在北方的爷爷第一次也是最后一次听孙女弹琴。女儿用钢琴曲与爷爷告别，我们也感受到了音乐的美和特殊价值。

上初一以后，女儿还会去学校的琴房练琴，学校琴房只有电子琴，她便下载了曲子在电子琴上练，回到家里再试着弹一个乐段给我们听。我心里非常难过。我不懂音乐，不懂怎么让孩子快乐地享受音乐，使得女儿对音乐的爱和渴望最终变成了心理阴影。她宁愿在学校弹电子琴，也不愿意掀开家里的钢琴。如果可以重新来过，我会有很多不同的方法，让女儿感受到练琴的快乐。可是，时光不会倒流，我只能带着这份遗憾回顾女儿练琴的痛苦经历，把它记录下来。

上高中后，我欣慰地看到当年练琴带来的潜移默化的影响，她的反应能力、解决问题的能力、学习能力都在无形中得到了提高。因为学钢琴，女儿喜欢上歌曲、古典音乐、20世纪欧美的爵士乐，练琴也提高了她对音乐的敏感度。只要听过的歌或曲子，再听时她就会说："我好像在哪里听过……"

我们没有懂音乐的耳朵，也没有这样的训练，女儿在这方面却很有天分。看到她的变化，我很感谢当年那段艰难的练琴岁月。人生的所有经历都是非常重要的储藏。尤其是在孩子小的时候，她经历的一切都会在她的人生中留下重要的痕迹，产生重要的作用。

望着家里的那架钢琴，我有时候会想：等我退休之后自己练吧。或者等女儿完全放松时，让她用这架钢琴自由地创作、表达，也许这才是这架钢琴独特的作用。

第四章

你的爱
要让孩子看得见、摸得到

不要告诉我为什么做不到，告诉我如何做得到，因为那才是你存在的原因。

Don't tell me why it cannot be done: tell me how it can be done, because that is why you are here.

冉安鑫 / 译 / 绘

有一天我有了孩子

孩子的到来，让父母品尝到幸福的味道，也让父母承担起艰巨的抚养责任！

1993年，我们的生活基本稳定下来，我也萌生了一个强烈的愿望：我们已经准备好迎接一个小生命的到来了！

这是我们夫妻共同的期待。发现真的有一个孩子孕育在我身体里时，我非常喜悦！作为教育心理学老师，我储备了很多婴幼儿心理知识，也盼着跟我的孩子建立亲密的亲子关系，做一个与众不同的妈妈。那时我就决定：我要自己带孩子，我要自己陪着他/她长大。

在孕育生命的过程中，我开始准备识字卡片，自己一笔一画用毛笔写下几百个汉字。在孩子出生之前，我已经有了几百张汉字卡片了，也有很多彩色图片，还有皮亚杰那个经典的没有眼睛的人像，我们充满期待地迎接孩子的到来。

我阅读了很多有关婴幼儿心理的书，研究和琢磨肚子里的孩子处在哪个阶段，哪个部分正在发育。我也一直在调节自己的心情，让自己处在愉快的状态，这是胎教十分重要的部分。同时，我也理所当然地吃所有想吃的食物，理直气壮地向先生要我想吃的东西。一个冬天的晚上，我突然想吃某个饭店的猪蹄，先生顶着风雪，骑了半个小时车帮我买回来，但我只吃了两口就吃不下了。我又想吃香蕉，他又转身出去买香蕉……这样的故事伴随着孕育孩子的过程，我们两个也都乐在其中。

我们兴高采烈地为孩子准备衣物，还准备了一张小床——用两节沙发相对拼成，放在大床旁边。先生不理解：“孩子那么小，为什么要跟我们分开？”我满脑子都是书上的理论，说让孩子单独睡在一边，对大人和孩子都好。他无奈地摇头，我则坚持我的做法，并用书上的理论说服他。

4月26日，阵痛开始，我住进医院，发现原来生育孩子如此辛苦。从那天下午一直持续到第二天早晨，我被折腾得筋疲力尽，看见旁边的人睡得很香甜，我觉得自己快熬不过去了，就央求先生和医生做剖宫产手术。可是，那个认识的医生朋友还是坚持说：“能生就自己生，对大人和孩子都有好处。”

我只好一点一点地算时间，想着挨到天亮就有希望了。早晨7点多，我被送进产房，在医生的帮助和挤压下，一个额头尖尖的孩子终于来到了这个世界，没有人告诉我是男孩儿还是女孩儿。不管是男孩还是女孩，只要健康地活着就够了。

医生告诉我，孩子的体重是7斤3两，我还是忍不住问了一句：“是男孩儿还是女孩儿？”

医生说：“恭喜你，是个千金。”

我如释重负，终于盼来了一个女儿。虽然娘家和婆家都盼着是个男孩儿，但我一直坚定地认为是个女孩儿，我想要个女儿。进产房之前，同病房的一个阿姨还说，看你的肚子一定是男孩儿。我在心里说：“哼，我一定生个女儿。”我一直盼着生个女儿，也准备了很多女孩儿的衣物。原来我们母女早就心连心了，我终于可以做一个女孩儿的妈妈了。

因为有侧切的伤口需要处理，我被留在产房里，接受缝合。整整一个小时，我在冰冷的房间里经历了被生硬对待的感觉，内心有很多愤怒，直到被推出产房，见到妈妈和先生的一刹那，我的眼泪才流了出来。我哽咽不止，那是委屈的泪，也是如释重负的喜悦。从那一刻开始，我已经成为一个孩子的妈妈了。

那天，外面下着大雪，五一前后下最后一场大雪，这是东北每年的惯例。这时的天已经不像冬天那样干冷了，是温润的春雪。

第四天出院，我们的车在扫起的雪堆中穿行，暖暖的阳光照着裸露的土地和堆好的雪人，那是春天特有的、蕴藏着生机的感觉。

我们回家了，回到学校里，在那间20平方米的筒子楼宿舍里，开始了一家三口的生活。

记载点滴感动的早教记录

对孩子点滴成长的记录，展现的不仅是一些生命痕迹，更是一条回忆线索。

也许是因为小时候与妈妈关系紧张，我从小就有一个强烈的愿望：有朝一日做了妈妈，我一定要做一个民主的、可以和孩子做朋友的好妈妈。无论在大学读书时期，还是在日常生活中，我都注意婴幼儿养育知识的储备。

从第一眼看到她，我就喜欢女儿的那双手，女儿有纤长的手指，这点更像她爸爸，不像我的手指短而粗。我猜，这是一双弹钢琴的手。

因为小时候没有吃过母乳，所以我非常强烈地希望母乳喂养女儿，哪怕要受很多苦。为此我每天吃各种催奶偏方，喝奇奇怪怪的、毫无味道的汤，看到奶水越来越多，我内心充满了喜悦。我的女儿可以跟我不一样，她可以被我抱着喂奶，感受我的心跳，我们会有很亲密的关系。不知不觉间，我陷入了一种强烈的补偿心理，也掉进一个我要超过妈妈的期盼里，但我也在重复妈妈的很多想法甚至做法，比如，孩子不可以娇惯，孩子不要太注重外表、穿着，只要学习好就行……

在照顾她吃喝拉撒的同时，我还变着法地实施早教。在她床头变换不同的色卡，发出不同的声响，让她看那个无眼的人像，在自己忙着洗衣、做饭的时候，还制造一些玩具或者响声陪伴她。同时，我每天都在记录她的成长："她的第一次哈哈大笑""第一次抬头挺胸""第一次感冒发热"……到她5岁时，我已经写了厚厚的三大本了。

朋友、同事来到家里，都会感叹我做的一切，称赞我是一个有爱心、懂早教、尽心尽力的妈妈。房间里到处挂着识字卡，我总是陪她说话，并制造刺激活跃她的感官。从6个月开始，我就把她抱在怀里，给她读彩绘本的《中国成语故事》。我知道孩子喜欢重复，就一遍一遍地给她读，很多妈妈不会这样做，但我乐在其中：我这个学教育心理的妈妈，要培养出一个与众不同的女儿。

刚会走路，她就给邻居的叔叔阿姨们送信，蹒跚地走到各家，把信送给叔叔阿姨。女儿对语言表达也比较敏感，总是接邻居小哥哥、小姐姐的话头，他们就故意逗她，说“吴文”，她马上说“君”；大家说“大白”，她立刻跟上“兔”……

女儿小时候头发稀疏，淡淡的、黄色的绒毛，无法遮盖住大大的额头和光秃秃的头顶，连眉毛也呈淡淡的黄色，让她看起来就像一个小男孩儿。最让我难以忍受的是，她晚上不肯睡觉，哄她睡觉是一件很艰难的事。我盼着她早点睡着，这样我就可以备第二天的课，但她总要把我折腾得筋疲力尽才肯睡。我每周要上十几节课，感觉越来越累，陪伴的愉悦和耐心也渐渐消失了。

后来，我们找了一个女孩儿来照顾她。那个女孩儿20岁左右，她把女儿包得方方正正的，放在被子里。不知用了什么方法，女儿跟她在一起时很乖，可到晚上就开始折腾我们。后来因为小女孩儿家里有事，不能再带她，我有时只好请学生帮忙。

班里有一个叫王险峰的男孩子，很有耐心地陪着她玩。有空闲了我就把他叫来，让他陪她玩，我做饭或者备课。有一天实在没办法了，我就把女儿送到学校驾驶员高师傅家里，让他爱人帮我带孩子。把孩子送到高师傅家里后，我们夫妻俩如释重负，跑到街上逛了一圈，享受了有孩子以来的第一次二人世界。她的到来给我们的生活带来了太多改变。

女儿在高师傅家被照顾得很好，每天把她送出去就像卸下了一个重担。晚上太忙，有时候很晚才去接她。高师傅一家三口很喜欢她，我们也乐得清闲自在。她慢慢长大了，我们将女儿送到了幼儿园，她便开始了第一次独立的社会生活。

我每天像记流水账一样记录她的成长过程，只是想给未来留一个回忆的线索；想在日渐消逝的时光里，多留一些生命的痕迹。等女儿长大了、有了自己的孩子，她可以读一读这些日记。从这一点来看，我算是个勤奋、负责任的妈妈。

跟着爸妈去扎根

孩子有能力照顾好自己，父母要给予孩子信任，使他的能力能够自然地表现出现。

从女儿出生起，我就一直陪着她。即使白天送出去，晚上也一定把她接回家。虽然她独自睡在旁边的小沙发上，但我们仍然有很多机会和她讲话，陪她一起玩。

1996年暑假，我要去哈尔滨学习计算机，只得把女儿放在外婆家。那个时候，她只有2周岁。半个月后我从哈尔滨回来，女儿看我的眼神怯生生的，不自在地把手背在身后，跟我保持着两米的距离。我买了很多玩具，她万般扭捏地一点一点蹭过来，从开始拿玩具，到慢慢地让我摸摸她的手，再到让我抱她，花费了一个上午的时间。那个时候，我只懂心理学知识，不懂孩子的心，只能耐心地陪她玩。后来，听外婆说，我不在家时，她带女儿出去玩，每当看到别的爸爸妈妈拉着小朋友，女儿就会说："等我妈妈回来，我爸爸妈妈也会这样。"

到今天，我才懂得孩子那些话的真正含义，才懂得当年我跟她分开对她心理的影响有多大。她不只离开了妈妈，也离开了爸爸，离开了熟悉的环境，爸爸只是偶尔来看她，她的生活发生了彻底的变化。她看到我的那份陌生和胆怯是非常重要的信号。可惜当时的我并不懂，或者说我的脑袋懂，但我的心不懂这个过程对她的影响。

1998年，女儿4岁多了，我们决定去南方发展，当时的理由是为孩子寻找更好的教育环境，我也可以找到更适合发展的工作环境。身处偏远的内蒙古林区，我们感受到与沿海城市的差距，不能让孩子在更大的差距中走向未来。所以，我们毅然决然地举家南迁到福建泉州，开始了新的生活。我和女儿先挪过去。那一年北方多雨，很多地方出现了洪涝，我们走的时候准备了很多食物，唯恐路上出现变故。到了哈尔滨，火车停了一段时间，有人说"松花江要决堤了"，有人说"要炸桥、炸铁路了"，我们只能跟随着，听天由命。女儿很快乐，在卧铺上跳上跳下，一会儿到行李架上，一会儿到别的铺上，完全不知道忧虑，而我也相信我们会顺利。

就这样，我们有惊无险地到了北京，在妹夫的陪同下，我们在北京小住了两天。我陪女儿去动物园玩了整整一天，看大熊猫、狮子、老虎。北京38℃的高温，竟然完全没有影响女儿的精神和体力，她玩得不亦乐乎。我也是从那时才发现她会晕车。坐上公交车，她就晕晕乎乎的，她可不管晕车有多难受，只要一到站，一叫她，她马上就清醒过来，立刻下车自己走路。看到女儿累了，我想抱她，她总是说“妈妈也累，我自己走吧”。就这样，我们在北京度过了放松的两天时光，又继续前行。

火车到福州已是夜里10点多。一下火车，很多人围了上来，拉我们坐他们的车，或者让我们去住店。那阵势很吓人，我很害怕。

后来，我还是决定搭车去泉州。离目的地越近，我心里就越踏实。开往泉州的大巴车里闷热不堪，还有蚊子，开到半路又抛锚了，女儿开始哭闹，我也忍不住流泪，我们娘儿俩抱头痛哭。哭过后，她帮我擦干眼泪，躺在我怀里睡着了。我们到泉州已是凌晨1点。天还是很黑。我选择搭乘中巴赶往郊外的学校，心中还是那个声音“离目的地越近越踏实”，听天由命吧。当两个陌生人把我们送到学校门口时，已经凌晨三四点了。我们在学校传达室等了一会儿才被迎进去，找了个房间睡了下来。这趟惊险的南迁之旅就这样告一段落。

后来，女儿就在这所学校的幼儿园寄宿了。我在中学部，她在幼儿园。我们的家就在校园里，可她得像其他小朋友一样住在幼儿园，两个星期才能回一次家，好在她很快就适应了环境。每次吃饭，她跟小朋友排队经过我的办公室时，总要打开房门看看我，满眼期盼。那时的我太过理性，唯恐自己给她太多关注会刺激其他小朋友，因此，总是很隐忍地跟她打招呼，怕引起其他小朋友的忌妒。虽然妈妈就在学校里，家就在学校里，可是女儿基本没有享受特殊待遇，只能在规定的时间回家。

因为一个男老师，女儿的幼儿园生活有了很多独特的记忆。他叫陈真，是个20岁出头的小伙子，是学校里两名“阿舅”之一。他对孩子们很宽容，很喜欢孩子们。早晨起来后，他会带着孩子们光着脚丫踩在草地上，去看大自然；他会把女儿架到脖子上，带她到处去逛。那时候，校园里有五六个教工的孩子，他们来自不同省份，操着不同口音，一到放假就摸爬滚打在一起，玩得非常开心。学校老师对孩子们也很温和，学校的校董也会抱着孩子们一起拍照片、做游戏，这是北方幼儿园里不曾有过的。在福建的那一年，女儿有很多深刻的美好记忆。

我现在都无法估量，那一年的寄宿生活对她有怎样的影响。那年12月末，我们夫妻利用学校放假时间去广东考察另外一所学校，女儿只能留在幼儿园里，她经常跑出来。保安告诉我们：“孩子一到晚上就靠着铁门向外看，盼着爸爸妈妈回来。”我们回来的那一天，她也在铁门那边等我们，见到我们的第一句话就是：“妈妈怎么才回来？”

我把她抱在怀里，使劲地亲她，告诉她：“妈妈回来了。”

那个时候，我们的情感很粗糙，也正是这份粗糙让我们在很大的压力下生存了下来。回顾那段往事，女儿独立和忍受的背后是我们对她的忽略，当时的我们也是不得已而为之。

这就是我们那段时间的生活原貌。

1999年7月，我们决定离开福建，去找一个更适合生活和发展的地方。

那年暑假，我带女儿去考察几所通知我面试的学校。临行前，女儿发热，但面试时间不能改，我只能在她输了两天液、体温稍降后，带她乘车北上。

一路上，女儿的状态越来越好，我先把她送到我常州同学的家里。同学家有一个跟她同龄的女孩儿，她们两个可以玩在一起。我分别去南通、宁波和苏州面试，等我转了一圈回来，她的病已经全好了。同学悄悄跟我讲，我不在的日子里，她表现得很防卫，看得出来我对她要求太严格。每当给女儿好吃的，她的第一反应总是“妈妈不让我要”，再三拿给她时，她又会说：“我吃了，你不要告诉我妈妈。”同学很认真地跟我讲：“虽然你是学教育心理的，但你对孩子太严格了，她好像不太像小孩子，也不会真实地表达自己的需要，这样对她不好。”同学很直率，我这个自诩成功的妈妈第一次遭到质疑和提醒，心里咯噔一下，开始问自己：“我是不是真的太过分了？”

在同学的提醒下，我似乎在自己身上看到了妈妈的影子，但我不愿意承认。我觉得我比妈妈平和、民主，我只是害怕把她惯坏，怕她变得太过浮躁。我甚至想说：“我小时候也没有人管我，不是也‘粗粗拉拉’地长大了吗？”尽管我不愿意承认，但那段经历还是给我提了个醒，在我心里埋下了一颗自我反思的种子。虽然真正的反思和改变是在几年之后，但我确实看到了自己不愿意看到的真实。

面试后，我们举家从泉州搬到宁波。尽管先生舍不得离开泉州，但我坚持一家人一定要在一起，他还是跟我们一起转道厦门坐火车去了宁波。在宁波住了6天后，我们毅然决然地离开了。在外工作一年，我已经非常明确地知道自己要什么、不要什么。虽然决定下得有些突然，但很坚定。

在从宁波开往苏州的火车上，女儿问我：“妈妈，我们现在要去哪儿？”我回答她：“我们要去找一块土地扎根。”是的，没有根的闯荡，感觉像浮萍一样无所依归，我们需要找一个地方安定下来，让自己这颗种子落下来，让我们的家扎下根来。

就这样，我们来到了苏州，在一所民办学校里开始了我们的生活。女儿要去幼儿园，可学校到幼儿园没有其他交通工具，只能搭学校早晨的通勤车。第一天开学，爸爸把女儿送到幼儿园时，距离幼儿园开门还有一两个小时，爸爸告诉女儿站在校门口不要动，等校门开了再进去，女儿就听话地等到开门才进去。很多朋友替我们担心，不明白我们为什么有那么大的胆量，可以把一个六七岁的孩子放在校门口。被问时，我们才感觉这件事情做得有些出格。但是，我们的第一反应往往是：有什么好担心的？有什么好怕的？她可以照顾自己。我们的心里好像很少有“这世界不安全”的恐惧。

现在回想起当时的做法，不知道是因为我们觉得世界足够安全，不用害怕和担心，还是因为我们顾不上害怕和担心。但是，我们对这个世界的信任和对孩子的信任好像是根深蒂固的。这是不是我们的世界观、人生观使然呢？现在我们还会那样做吗？

我的第一答案是不会。我们会采取更安全、更保险的方法，在乎孩子的感觉，不让她紧张恐惧地保护自己。

但仔细想一想，现在我仍然会那么做，我相信这个世界，相信自己的孩子。

反思这个过程时，我突然少了很多歉疚，也许这就是父母对孩子的信任，同时也让女儿信任这个世界，让她相信自己有能力照顾好自己。这是非常重要的信念的种子，是她跟未来建立关系的核心基础，也是我们与她互动的基础。

相同的爱，不同的教育方式

父母也许有不同的教育方式，但对孩子的爱是同样的。

因为是学教育心理的，所以我很早就开始做教养孩子的准备，她的事情都由我说了算。我的时间相较于先生要宽松一些，孩子的生活起居和早期智力开发等都是我做决定，先生配合。

我们很早就达成共识：爸爸妈妈要给予孩子一致的要求和教育，不可以当着孩子的面冲突。我们可以事先讨论，确定一个共同的意见，再由某人去公布。另一个人不管多反对，都不可以当场表达相反的意见，这是对孩子接收信息一致性的保护。这个共识变成了我们在孩子教育问题上的默契。

因为性格不同、观念不同，我们在女儿的教育上常会有不同的意见。我的意见更多是理论化的、学术性的，先生的意见更多是生活型的、经验性的。因为我能言善辩，所以先生一般都保留意见，听从我的安排。当我开始反思我的教育观念后，我也开始静下心来体会先生的想法和信念的合理性。他那些说不出理论的观点很多具有现实性和有效性。这些是我真正理解先生、欣赏先生之后发现的。我开始采纳先生的意见，有时直接让先生去表达他对女儿的意见和要求。

女儿在我们的影响中慢慢长大，她知道爸爸妈妈不同的特点和要求，并慢慢内化为她自己的道德标准和评价标准。我和先生表现出对彼此的尊重和信任，女儿感受到的是爸爸妈妈的一致性，心里少了很多冲突和矛盾。

先生对待女儿的态度和方法偶尔让我难以忍受，这时我会察觉到自己的情绪投射。比如，小时候被父母训斥之后的伤痛，让我不想看到女儿被爸爸训斥。不想让女儿重复我的命运的补偿心理，如此强烈地支配着我，凡是我小时候经历的创伤，我都不想让女儿经历。我不想让她感受到家庭的不和谐，不想让她辛苦地做很多家务，不想让她看父母的脸色，不想让她被父母训得下不来台……

这些“不想”经常在先生情绪激烈的情况下被冲撞、被打破，当场我会忍受，但事后会与先生交流讨论，让他承认“错误”，希望他能改变、克制。但是，这些情景往往会重演，我也很无奈。直到有一天，我在课程中被学员问道：“夫妻关系的矛盾对孩子会产生哪些影响？”在解答这个问题时，我明白了：爸爸给孩子的是爸爸能够给的最好的，妈妈给孩子的是妈妈能够给的最好的，我们不能企图让爸爸和妈妈的教养方式与习惯完全和谐一致。否则，孩子得到的是单一的教育和影响，看到的只有一种模式，学到只有一种人生经验，这反而不利于孩子的成长。一个人在社会中要积累不同的经验，应对不同的环境和不同的人。所以，夫妻任何一方都不可以要求另一方与自己完全一致，要尊重另一方教育孩子的方法和模式。

这样的讲解消除了我的纠结。在这之后，我开始欣赏孩子爸爸的教育方式的独特价值。他用简单或生硬的语气，教孩子如何粗线条、快行动地表现自己的行为；他用不善表达情绪和不诉说细节的话语，给予孩子力量与支持；他用看似简单的要求，推动孩子做很多很多事情，帮孩子建立社交网络，积累人生经验。这是爸爸对女儿的带动和影响，是我无法给予的。放下自己的童年创伤，同时放下对女儿的过分保护，我真正看到了爸爸给予孩子的独特的支持和爱。

有了这样的视角之后，我变得更放松了，开始允许孩子跟爸爸互动和沟通，让爸爸用他的方式带着女儿看世界。我也欣喜地看到，女儿越来越多地受到爸爸的影响：做事情追求精致和完美，爱惜并打理自己的物品，购买东西时注重性价比，不怕吃苦，全心全意为他人服务，乐观、积极、向上，这些都是爸爸给予她的重要影响。

以欣赏的眼光看待女儿、先生，我自己也更加放松。女儿与爸爸出现冲突时，我能够保持平静，看着她在冲突中学习长大。同时，我极力维护爸爸的地位和尊严。女儿曾对我与爸爸的争吵非常恐惧，她会紧张地劝说，或者看似麻木地躲在一边。

我跟女儿讨论："爸爸妈妈吵架，你会有怎样的感觉？"

她总是告诉我："很害怕。"

我问她："你怕什么？"

她说："我怕你们像其他的父母那样离婚。"

我知道，女儿怕的是爸爸妈妈不能同时爱她。我跟她澄清："刚才我们不是在争吵，不过是针对一个问题表达各自的意见。因为我们的观点不一样，所以彼此都很激动，声调会很高。但是，我想告诉你，我们仍然相爱，这个家是安全的。"

同时，我还告诉她，有些问题需要双方表达不同的意见。要让对方明白自己的想法，就要把自己的想法说出来，这是面对冲突、处理冲突的重要能力。遇到冲突不可以逃避，也不可以掩盖，要表达自己的想法，然后再慢慢获得共识。我们不是在吵架，而是在学着彼此沟通和了解。

跟女儿沟通时，我也觉察到自己无效的模式，同时尝试改变自己的模式。女儿也看到了我们的改变，有时候看到我们争执，她会说："过一会儿，你们又好了。"

我可以用跟先生不同的方式陪伴女儿，先生也可以用他的方式教育女儿，我们彼此接纳，那份共识仍然在，就是"不在同一个时间，表达对她不同的指导意见，哪怕是错的也要执行下去，日后再找机会修补"。这既是对彼此的尊重，也是对女儿的爱护。随着女儿长大，我们当众讨论的机会越来越多，为对方修补极端观点的能力也越来越强。

当先生表达非常激烈的想法时，我总是用语言转化，让女儿听到更适合、更容易接受的观点。我是润滑剂，润滑着我们三个人的关系。先生也总是帮我补充关于某事的想法，让我的想法更具可操作性，给女儿具体的指导。在我们两人的配合教育下，女儿越来越安然，脸上的笑容越来越多。

在教育女儿的过程中，我们学着和谐一致，也学着包容和尊重。

在生活中，有些夫妻在孩子的教育上却水火不容、各执己见，这是一个很危险的信号。他们都把孩子当作私有财产，平日掩盖的冲突和矛盾，在孩子的事儿上表现出来。在最爱的孩子面前表现冲突和矛盾，既会伤害孩子，也会伤害彼此。

夫妻双方若不能给孩子创造和谐的家庭环境，不能尊重彼此，总在孩子面前争论谁是谁非，就要静下心来，反思婚姻关系了。

孩子的爱和安全感，取决于父母相亲相爱的程度。父母能给孩子的最好的礼物就是相亲相爱。有了“爱”作为前提，还有什么矛盾不可以化解，有什么冲突不可以消除呢?

给孩子和谐一致的爱，同时给孩子不同方式的爱，会让孩子成长得更快，有更多的力量和爱去面对未来的生活。

给爸爸的生日礼物

孩子从父母那里收获了无私的关爱，父母也能从孩子那里收获难忘的感动!

我们后来一直生活在苏州，我的父母和家人也都在苏州，先生的亲人都留在内蒙古林区。

有一天，女儿说的一句话让我心里一震。一群朋友跟我讨论家族系统的事情，他们帮我呈现了我的原生家族系统，也就是我的父母、兄弟姐妹跟我的关系现状。由此我明白了，每个人的所有力量和爱都来源于身后的父母和一代代祖先。我们讨论这个问题的时候，女儿恰好在旁边。

事后，她对我说："我觉得爸爸很可怜。"

"为什么你觉得爸爸'可怜'呢？"我很惊讶她用这个词。

她说："因为你的家人都在你的身边，而爸爸却只有他自己。"

我明白了，原来女儿看到了爸爸一个人在苏州的孤单，对爸爸有了更多的关注和理解。

女儿上五年级的时候，悄悄跟我说，她想送给爸爸一个特殊的生日礼物，她想给老家的姑姑、伯伯写封信，请他们给爸爸写封回信，祝贺爸爸生日快乐。我极力支持女儿，同时惊讶她怎么会想到这样的主意。

女儿写了封信寄回内蒙古林区，还随信寄去回信的信封，并贴好了邮票。爸爸生日前几天，回信收到了。展开信，大姑、二姑，三姑和伯父都给爸爸写了几句话，有表达祝福的，也有表达期望的。

这是先生第一次看到家人用这样的方式给他送生日祝福。我激动地跟先生一起读这封信，也感受到了女儿对爸爸深深的爱。

女儿跟我在一起的时间比较多，但我出去上课或学习时，爸爸就负责照顾她。爸爸是一个不善掩饰情绪的人，喜怒哀乐都写在脸上。他会很直接地表达对女儿的爱，比如抱抱女儿，亲她一下；或者直接告诉她："孩子，爸爸真的很喜欢你。"他也经常发脾气，这些都影响着女儿，但她仍然深爱着她老爸，从上面两件事中可窥见一斑。

我后来也明白了女儿给爸爸准备这样一份特殊的生日礼物的含义，她想用这种方式推动爸爸跟同胞手足的联系，让爸爸感受到亲人的支持和爱，感受到家族系统的那份力量。

不过，女儿的做法也让我知道了女儿的困扰。随后，我做了一件事，我抓了些小玩具做道具，在地毯上摆了爸爸家族成员的景象，让女儿懂得：虽然在现实生活中，爸爸离他的父母和家族很远，但他的爸爸妈妈把生命传给他，就给了他所有的力量、爱和支持。

虽然爸爸一个人在苏州，但他的爸爸妈妈在精神上一直陪伴着他，爸爸有力量、爱和支持。最后我又强调，爸爸从不孤单，爸爸有自己的爱的来源。

女儿点点头，她也许听懂了。我同时也让她看到，我虽然跟我的家人居住在一地，可我仍然有独立的世界和空间。我在感受父母的力量和爱的同时，跟爸爸一起创造了我们的核心家庭——我们的三口之家。

爸爸和妈妈既是接受力量和爱的后代，也是把这些力量和爱源源不断地传给她的人。不管走到哪里，她都拥有爸爸妈妈的爱和支持。了解到这些，女儿如释重负地呼了一口气。

我不知道这些话对女儿有怎样的影响。当我和先生一起读信时，我讲了这个背景，先生感动得眼睛都湿润了。

中考之后，女儿回内蒙古老家旅游，跟奶奶、姑姑们有了亲密的接触。一起吃饭的时候，有人会开玩笑说："你妈妈比你爸爸能干。"女儿马上脸色一变，即刻反驳说："我爸爸也很能干。"她历数爸爸的功绩，似乎在捍卫爸爸的权利。奶奶和姑姑在旁边看到之后明白，女儿如此深爱着爸爸，她不允许任何人对爸爸有任何不恭敬的看法和做法。

她用孩子的心向世界宣布："我的爸爸是最好的爸爸，我的爸爸给了我最好的爱。我的爸爸是最好的，我才是最好的。"

不管被爸爸训得多么委屈，别人否定或批评爸爸时，女儿总是第一时间跳出来维护爸爸。这是女儿对爸爸出于本能的爱和保护，也是女儿对给予她营养、力量和支持的树根一样的爸爸最好的表白。

我也同时感受到，孩子如此细心地维护父母的威信和尊严，超越了女儿的责任。女儿越是如此深爱我们，我们越要活得独立、活得充满力量，这样才能让女儿有更多力量过好自己的生活。

第五章

给孩子空间 她就能创造奇迹

人不能停下来，因为世界不会停下来。

The human cannot stop down, because the world cannot stop down

~~~~~~~~ 冉安鑫/译/绘 ~~~~~~~~
~~~~~~~~

老社长的重托

从事社团工作，不仅能让孩子养成负责任的态度，还能让他生出为人服务的使命感。

女儿当上学校环保社的社长之后，有一天放学回来，她把环保社前任社长写给她的一封长信拿给我看。秦社长在信中将环保社的创立和发展历史娓娓道来，还写了她的心愿及对女儿的嘱咐，并告诉她遇到什么情况该怎么做。真挚的话语让我感动到流泪。孩子们对创业的经历如此珍重，可想而知为此付出了多少心血，这对他们未来的成长非常重要。老社长还留下了1000多元钱，这是他们这届社团卖废纸攒下的钱。她嘱咐女儿要把钱花在刀刃上。这是多么严肃的使命交接啊！我嘱咐女儿放好这封信，珍藏好老社长的嘱托，不要辜负老社长的心。

女儿说环保社的同学很了不起，他们曾做过很大的事。前两年，校园旁边有个工厂，每到晚上附近居民就会闻到刺激性的气味，他们怀疑是这个工厂造成的空气污染，并通过相关途径向上级反映，环保单位白天来查，查不到线索，也就没法处理。学校环保社的几个同学就自动担负起重任，每天晚上由专人负责记录空气味道。坚持了两个月，环保社将这份记录交给了环保部门，促成了这家工厂的搬迁，给学校和居民创造了清新的自然环境。

这些小孩子真是做了件大事情！我们这些大人听了都忍不住交口称赞。有个在新区做环保工作的朋友，给了女儿极大的支持和肯定，说她在从事一项造福人类的伟大事业，是21世纪的朝阳产业，必将大有作为！得到这些肯定，女儿更加眉飞色舞了。

看来这件事对她很有吸引力。上高一以来，她一直沉默寡言，看来一直强调“做人要低调”的她要出山了。这件事跟她“到美国开农场”的梦想也有些关联，说不定她可以一直做下去呢。初一一入校，她就做了动漫社社长，虽然她竭力维持，但在诸多条件不允许的情况下，最后学会了“放弃也是一种选择”。

我还找到了老社长写给女儿的信，再读一次还是很感动。现在我把原文照录下来，也算是一种记录吧！

尊敬的环保社第五任社长：

展信佳！

首先请允许我用“尊敬的”来称呼你，这并非做作或肉麻之语，而是出自内心的一种信任、尊重。因为在我当了社长后，我才了解到站在这个位置上是多么的困难，也更明白，对于敢站在并有能力很好地站在这个位置上的人应给予热烈的掌声。这掌声不仅是肯定你有所担当的责任感，也作为你不断努力的动力，鞭策你继续前行。

一年前的今日，我亦是一名普通的社员，但对“环保”的热情并不比任何人少。那时的环保社只是一个小小的社团，主要活动内容就是回收垃圾，因此许多人开玩笑地将之称为“垃圾社”，我和其他社员也曾被别人耻笑是“捡垃圾的”。但欣喜的是，我们都没有放弃，因为我们心中从不抛弃“环保”的念头。当然，除了回收废品，我们也一点一滴地做了些其他事：从2008年10月起，我们每天坚持记录校园环境状态，一直记录了两个月，然后写成报告寄至环保局。在我们的努力下，一家污染严重的厂家迁往无人的郊区。这是多么可喜的成绩啊！这也是我们团队创下的第一个成绩。

之后，我便接任了社长的位置。我们开展了许多活动，也加入了上海“根与芽”组织。

6月，也就是“世界环境日”前后，我们成功举办了“内蒙古百万植树计划”的筹款活动。6月5日，天下大雨，但我们社团的成员却风雨无阻。我们一共筹集了3000多元，让我特别感动的不是一下子捐了3000元的一位初中生，而是一位第三天（6月7日）即将参加高考的学生，他翻遍了所有口袋，掏出仅有的2.5元，全部捐赠给我们。原来，“环保”是如此温暖。

这个学期，我们又成功开展了“绿色办公室”活动，并与校本部春雨生态社联谊，推出了“苏中特色景观”的影集，参加了“根与芽”十周年庆典。与德威联谊的“有机农场”也正在筹备中，还有“纸回收”活动……

我很庆幸，也很荣幸，把一个平凡的社团发展成一个拥有如此多财富的社团。当然，社团需要你和你的团队继续不断地努力。我在这里列举了许许多多成功的活动，是为了让你相信，只要你能创新并付出努力，你就不会失败！

接下来说点具体的。

1. 作为社长，你要用个人魅力带动其他社员的热情。不过，我相信，我们的社员都是因为热爱环保才聚集在一起的。

2. 关于“根与芽”的活动。

（1）“有机农场”：原定于11月中下旬建大棚，但由于张校长与我们这边的领导关于建设地点的观点不一致，所以拖后了。具体该建在哪里，费校长告诉我以后再告诉你。不过，建这个大棚一个星期就够了。“有机农场”和德威一起活动，相关人员的联系方式问张轶瑾。与德威沟通的话，可以先发邮件与他们预约好，再在校长室旁边的小会议室进行。谢婧的英语不错，你们可以一起去。

（2）“纸回收”：虽然有点理想化，但你们可以做适当调整，使之变得简单易操作。其实，怎样活动并不重要，也不一定要完全遵守“根与芽”教材，我认为最重要的是我们实实在在地做了一些环保活动。

（3）“环境评估”：具体可以问张轶瑾。

“根与芽”的具体内容可以寻求张轶瑾的帮助，我不知道她几时选择下一任“根与芽”的组长，在这之前，她会负责整体计划、指导。

说实话，“根与芽”的活动不一定会有很好的环保效果，如何让更多的人参与到环保中，你需要思考一下。

3. 关于废品回收，你可以在夏天实行，具体你看吧。这项工作可能会涉及总务处老师，总管是钱嘉琳老师，钱由陈英老师管，钥匙可以问奚新宁老师要。

总之，今后就要看你的啦！希望你们能在社团的舞台上好好展示，好好享受！

另外，再说一下现在社团的人员概况和其他。

1. 初中部我们只有4个成员，你看是否需要再招一些。

2. 少科班一共有20多个同学，他们主要负责“有机农场”，他们班的负责人是谢婧和胡丁月。

3. 我们社现在一共有1000多元的资金，下次再给你。你可以另找社团资金负责人，高一（2）班的倪则君和钱碧莹还不错。

4. 你以后要每两个星期传一个新闻稿给高三办公室的陈圆圆老师。这次去上海的新闻稿你也写一下，文字与图片分开放。

5. 我们学校网站上有一个社团博客链接，你也找个人负责更新。博客名：greenoe2008，密码（××××××）。

成为社长候选人

社团满足了孩子渴望尝试、体验生活等需求，让他的潜力得以充分发挥！

女儿去上海参加“根与芽”环保组织交流活动，由蔡明校长带队，同行的多是园区校高一、高二的学生，还有本部的一些学生。晚上回来，她一脸兴奋和激动，把所有买回来的东西摊开来向我们炫耀：三根带根叶的鲜萝卜、两个环保布袋、几本杂志及两个本子。她是很会淘旧货的人，每次都饶有兴趣地炫耀。我们全家人，包括两个来访的客人，都非常给她面子，听她讲见闻，听她宣传萝卜如何好，并且配合着切掉一个，大家分着吃了。到了晚上，她悄悄地跟我说，一起同去的秦社长跟她说：“我马上就高二会考了，学习越来越紧，我一直在找接班人，我现在决定把这个担子交给你！”

她一脸平静，却也掩饰不住那份骄傲。我有些感动：这个过程像交付重担一样庄严，孩子们还挺当真的。

从此她更忙了，似乎已走马上任做社长了。她常在网上查找与植物、环保、低碳有关的资料，并打印出来。为了省打印费，她会冒雨骑车到苏大门口，以每页8分钱的价格打印资料。她忙得不可开交，但是很开心、很兴奋。我和她爸爸在旁边看着，有时会心疼地提醒她：要学会交托，要学会管理，用人所长，把社员们的积极性调动起来。

学校要搞社团活动展示，女儿很早就开始策划活动方案。她召集全体社员开会，然后安排每个人的任务。她一直在想怎样把环保社推出去，让低碳在校园里更广泛地实现。她的策划优势开始显现，她想出一个又一个方案，越想越兴奋，总想马上做出来。

她尝试把在我的课堂上学到的“披肩秀”表演出来，不断地拿我当实验品，我也不断地给她意见，最后发现不合适，又不得不放弃。她学习用旧报纸缠一棵树，还让我帮她写一条横幅——“做人，要低碳”。她一次又一次买道具，为了省一毛钱，宁可跑远路。“因为这钱是大家的钱，不能有一分浪费！”她又开始操心去哪里借柜子，去找哪个老师才能有效……

她好像上了发条一样，马不停蹄地活动着，她的大脑更是在高速运转着。她爸爸有时会脱口而出：“忙这些干吗？有精力还不如用在学习上！”

我却非常支持她，我知道她渴望尝试，渴望体验生活，这个过程把她的潜力全调动出来了，不也是一种学习吗？她也不断地学习，怎样分工给初中学生，怎样分工给高中学生，她说不放心他们去做。我说：“是因为你很喜欢亲自做的体验过程，等到你经历过了，有了经验，就要给其他同学体验的机会。他们参加社团也是想学习新东西，也想证明自己的价值。当管理者和‘老大’就要‘帮助你手下的人成功’。”我不知道她是否听懂了这些话，只有她自己慢慢体会并做出来才有效。

放寒假了，女儿变得更忙碌了，她的生活也更充实了。寒假里，她要跟社团的成员联系，安排他们为开学后建花房做准备。她安排某些同学买种子，某些同学带工具，自己则一次一次地跑小商品市场和超市做市场调查，买打扫工具和整理箱。她又去皮市街的花鸟市场买郁金香花球和睡莲根茎，她一家家比价，然后买下来，最后记账，忙得不亦乐乎。她一个人骑着电动车到处跑，家里堆了很多东西，我们也会帮她泡根茎，一个一个用报纸包起来。她干这些事情时总是特别来劲儿，不知疲惫。她的目标是按照蔡校长的建议，开学后把这些花种下去，等三八妇女节的时候，这些花就会长出来，到时再卖给同学，让同学送给女教师。"那该是多么美妙啊，每个女老师都拿一枝我们种的花……"她常常陶醉在美妙的想象中，于是干起来就格外有劲儿。

整个假期，她在自己房间地面上铺了一张大大的画纸，有时间就画上几笔。她第一次如此耐心、细心地画画。她以前一直画人物，我从没见她画花，不过这次她画了很多花。她在给开学后的花房画广告画，我欣喜地看到女儿如此感性地画出藏在她内心的各种绚烂的花朵，菊花、玫瑰……我每天都会欣赏她画的花，好像看到了她内心花一样的世界。我想，这才像个女孩儿嘛，跟花在一起。

开学这天，我们帮她运了一个又一个箱子到学校，有扫除的工具，有花盆、花瓶、种子、花苗、土、肥料……不知道她要怎样安排这些东西。她说学校特意为他们建了一个花房，他们要把花房打理好。

三八妇女节前，女儿打电话给我，让我去花店里询问不同花的价格，说要是有同学来买的话，她会批发一些到学校里，方便同学购买。我跑到单位附近的花店，问老板花的批发价和零售价，写在纸上，然后发短信息传给她。6日、7日我出差了，她一个人回家。8日，我打电话问她生意如何，她说没有人来买花，只有一个初中的小孩子来买了一枝康乃馨。“我特意为她买了一枝，原价给了她，就算我帮她代买了，还额外送了她一枝星星草。”她说得轻描淡写，我却忍不住大笑，她的第一笔生意就这样以“代人服务”告终了。她没有多少失落，我却在这个过程中感受到了她的负责任和守信用，她学到的无形的东西很多。

快到植树节了，女儿说环保社与学校总务将合作种树。具体方案是：由环保社向各班发出倡议，每个班级每个同学出一元钱，共同认买小树，由学校总务处代买树种，并负责找花工种上。

女儿一回来就趴在电脑前写倡议书，字斟句酌地研究每句话。我也凑在旁边提些建议，有效的，她就采纳；无效的，她不仅弃之不用，还要评判几句。就这样，一封倡议书竟写了好久。她还设计了几份认领表格，做得蛮像回事的。

返校后，她在电话中跟我分享种树工作的开展情况。某一天，她很沮丧，因为各班反应冷淡；某一天，她又感觉很兴奋，因为有很多人都在积极响应她的工作。据说在认领现场，环保社的成员有的吆喝，有的收钱，有的记账。虽然有同学弄丢了钱，但大家还是圆满地完成了任务，共收到了2000多元，有上百棵树被认领。这届环保社已投入“我为校园添绿色”活动中了！若干年后，那些长大的树也许还会记得，在这个乍暖还寒的早春里，在这群充满活力和激情的孩子的共同努力下，校园增添了一棵又一棵新绿！校园现在的绿草地和绿树看似普通，说不定也有前几届环保社同学的贡献和故事呢！

有一天放假，女儿本该直接回来，但她却说要跟张中天一起去相城花木市场。张中天是上届花鸟社的社长，现在高二了，他一直钟情于弄花草，将环保社交给女儿后，他也将他的花鸟社并了过来，但他不再做社长，只要求做义工，能弄花草就好。他有很多想法，也懂很多植物养护的知识，女儿在这一块差不多是空白。所以，他总是不放心女儿一个人弄，总要来帮忙，帮忙买东西。但张中天一般都在网上或市里的花鸟市场买，价格很贵，女儿很心疼。

后来，两人打听到相城区有花木城，就相约一起去买东西。两人不舍得打车，就坐公交车去。"那里好大啊，什么都有，太多了！我们一样一样地询价，买了小花盆、花土，还有种子……太多东西了，拿都拿不动，我的力气比他还大，我拿的东西更多！"回来时又坐公交车，女儿实在拿不动了，难得求饶的女儿给爸爸打电话，请爸爸开车去接她。开学返校时，车里又多了一大堆东西。

我们一直感叹，女儿是个有福气的家伙。在对种植一无所知的情况下，她这个社长就开始带着一群人经营花房，又有张中天这样的学长来帮她，和她一起做这项事业。这个孩子没有任何功利心，只是因为喜欢这件事，喜欢跟自然打交道，就不计名利地来做默默无闻的工作，手把手地教女儿怎样播种，该什么时间浇水，怎样与总务处的老师联系，怎样申请一些学校可以提供的物资，免得再花钱去买……学校的花房是几任同学申请和努力的结果，而她一上任就用上了，好像一切都是为她准备的。前人栽树，后人乘凉，真的在她身上得到具体体现了。

正式走马上任

社团不仅让孩子对生活有了更深的体验，也让他对这个世界有了更加全面的认识！

进入环保社后，女儿开始接手“回收学校废纸”机构的运作。他们把回收废纸的纸箱放在老师办公室和教学楼各楼层，并张贴了回收说明，请同学和老师把废旧纸张扔到纸箱中，每天每个楼层都有同学负责收集，然后再统一倒在花房前的两个大垃圾桶里，集满后再去找收废品的人来收。女儿觉得学校校工给的价格太低，就四处联系校外回收人员，还请物理老师帮忙看秤，帮着谈价钱。就这样，他们每周都会有些钱进账。每周六放假，女儿都忙个不停，要检查各楼层的回收情况，实在不行她就自己去跑。每天中午、傍晚，她都在校园里跑来跑去，但她从不叫烦叫累，反而说：“好充实啊！好忙啊！”

她说环保社社长的角色已深入人心，在班级里，哪个学生要是随便扔掉手中的塑料水瓶，就会有人提醒他：“社长要生气的，快给她吧！”那个学生就会把扔出去的瓶子再捡回来，然后送到女儿手中，女儿则会接过来放在座椅下的袋子里。我问她：“你为什么不自己过去捡来呢？”她一脸正色地说：“这是不一样的，我自己去捡是捡垃圾，同学送过来代表他们也有环保的观念，我们是在做环保事业，不是在收废品！”

在宿舍，她从来不舍得先把热水打开，把浴室暖热后再进去淋浴。同宿舍同学也总是相互提醒："社长要生气的，不能浪费水电！"一张纸、一滴水、一度电、一个饮料瓶，都成了女儿呵护的对象。她已养成习惯，不管走到哪里，一看到有扔掉的纸箱或书刊，就会本能地反应："这可以卖很多钱哪！"我戏称她为"垃圾女孩"。她正色说："这是不一样的！捡垃圾的人是为了自己赚钱，可我们是出于环保的考虑，而且我们不是为自己赚钱，我们是给花房集资，我们还会把钱捐给红十字会。这是不同的。"我听了对她的行为肃然起敬。

我明白了"环保"与"收废品"的区别：环保宣传的是一种观念、一种习惯，是对环境与自然的保护和热爱；而收废品只是想把废品换成钱，是为钱而做，二者层次不同。这样来看，孩子们做的事情就有很高的价值，不是"收废品"那么简单。他们做得有礼有节，有工作的骄傲和成就感，也影响了更多同学。

有一天，我跟女儿一起去扔垃圾，打开垃圾箱，里面有一袋子影视CD盘，干净整齐。"噢，谁这么浪费？"女儿脱口而出。我也觉得心疼，就问她："你要不要回收？"她正色说："我们是环保社，从来不在垃圾箱里捡东西！"我听了一震，这个孩子心里有很多界限，这也是她能将这份事业做好、做正的原则。

上小学之前，她就有很强的环保意识，她哀叹周围的绿地越来越少，让从小长在森林里的我有些汗颜：为什么我们这代人对周围自然的变化这么麻木呢？

他们还在蔡校长的支持下，把学校图书馆积压的部分旧书报拉过来，卖了个好价钱。老师们也真的很宠这些孩子，给了他们这么多呵护和空间，让他们做得风生水起！

我们一直提醒她：要分工明确，要让大家一起工作，不能自己一个人忙。她的机构发展得越来越好，并初具规模，正常运转了，他们有时可以卖一两百元，收入可观。

每周回来，女儿的任务就是到处寻找植物的种子，买种花工具，到菜市场摊位上跟老板买纸箱，拿到学校装回收的废纸。她一个人用电动车带回来，实在拿不动就放在小区保安室。每次回来她都兴奋地讲她如何谈价格，省了多少钱，这个买东西羞于讲价的家伙现在变得精打细算了。"这是大家的钱，一分一厘都要花得仔细！"

她在调查市场和投资的游戏中体验生活，我们看了不禁感慨万千。

有爱的学校和老师

因为学校的支持和投入，因为老师的理解和宽容，孩子才能更投入地做社团工作，才能获得更多的自信！

这个可爱的学校竟然用如此大的投资为做游戏的孩子们建了一个价值十余万元的花房，无论从水管的设置还是从灯光的配置，都看得出学校在认真对待和尊重孩子们所做的事。学校用认真的态度面对孩子们，孩子们也非常认真地面对他们自己的事业和成长。作为家长，我们感恩于学校的信任和支持，感恩于学校对孩子们的宽容和厚爱，使孩子们得以健康地成长！

女儿每周回来都在电脑上忙个不停，熬到晚上10点多。我一再催她睡觉，她都欲罢不能。直到11点多才上楼，她一脸疲惫地说："我在给社团拟有关规章制度，太不容易了，我写得要吐血了，不过现在基本完成了。我明天打印出来，报给总务处老师，说明我们也是有规章制度的。哈哈！"

第二天，她又跑到图片社做相关资料的写真，实在来不及了，只能让爸爸帮忙去取。

过了几天，她无意中说起上次写的社团资料交给总务处"老大"（她称呼总务处主任为"老大"），"老大"看了以后赞不绝口，连连说："没想到，一个高一学生能写得这么好。"他忍不住还去告诉了蔡明校长。

从那以后，总务处更加支持他们的工作，只要有事去找总务处老师，老师总会马上着手落实。比如收废品的纸箱子问题，她跟"老大"反映后，很快就解决了，她不用再从校外买了，只要去校园超市领就可以了。"老大"还会给孩子们一些建议，会提供很多信息，女儿对此非常感动，一直念叨"老大"的好！

女儿说最近因为与总务处老师处得好，老师绝对支持他们。过去，她总是羡慕张中天与总务处老师混得熟，借推车，领备用品，总是有求必应。现在她发现，只要自己主动沟通，总务处老师对他们也越来越支持了。“可是，你知道我每次去求助，内心有多挣扎吗？上次我们想塑封些资料，让图片社做很贵，我就想去总务处做，结果封了没几张，卡壳了，坏了。我非常抱歉地跟老师道歉，老师让我抱到物理老师处去修，我就一脸通红地去，问老师几天能修好，老师告诉了我时间。我还没来得及去取，总务处老师催我了，我就又低头去找修的老师，老师告诉我已修好，我又抱回总务处……你知道这多纠结吗？修个塑封机我跑了多少趟？每次见到老师都是一副低头认罪的样子，真的是难啊！”女儿比画着一口气说出这一大段话，我知道她遇到了挑战。

平时她就害羞、胆小，不愿意主动跟人搭讪，更怕求人，现在她要硬着头皮去做这些，难为她了。不过，这也锻炼了她的交往能力，因为她是社长，她只能面对，而老师们的客气和支持则“成就”了她的尝试，增强了她的信心。她一边讲着难，一边流露出突破自我的兴奋和成就感。这是很好的成长机会。

我一边听她讲，一边肯定她，夸她了不起，同时心中充满欣喜：女儿为自己喜欢的事业不断接受挑战，不断成长，她也心甘情愿地接受这个锻炼，挺好。

有一周我在外地讲课，女儿都是自己坐公交车回来。有一次，她回来说，没有坐公交车，是坐总务处“老大”的车子回来的。“老大”一直提议去斜塘的种子市场看看，她就约了老师，老师带着她一起到斜塘的种子市场做调查。她说：“‘老大’真牛，他管总务，什么都懂，领我去看了种子，买了种子。他跟那些卖东西的人交流很从容，很爽！”女儿一脸的佩服。我看到她又走了一步：懂得借力，愿意观察，向不同的人学习，她的胆量和力量又大了很多，开了眼界，她也更自信了。感谢这位热心的老师，用耐心和陪伴支持这个内向、害羞的女孩子，让她看到了更宽广的世界。

在一个晚上，她按捺不住内心的喜悦，在电话里嗲声说："今天实在太开心了！太开心了！妈妈，你知道我们吃了什么吗？我们吃了南瓜饼、南瓜粥，还有煮南瓜。一大群人吃得好开心啊！只要有人走过来，我们就请他们吃，每个人都很高兴！有个初一的男孩子还说吃撑了，今天都不用吃晚饭了！你知道厨房的师傅帮了我们多大忙吗？他们搭上很多面粉和米，都没有要钱，因为总务处和学生处老师帮忙联系、说情，看在他们的面子上，厨房的师傅就帮我们弄好了！太够意思了！今天上午我们把东西送过去，一个下午就搞好了！太开心了！我们还把园子里剩下的青菜都摘了下来，装了三袋子，送给'老大'、戴校、蔡校，他们都好开心，表示会更多地支持我们的工作……"

女儿表达她的兴奋和喜悦，我也非常感动：这些在乎孩子们的老师、师傅，在保护他们的热情和兴趣。对从不为生计发愁的孩子来说，吃个南瓜实在是件微不足道的事，但这个南瓜是孩子们自己种的，意义就完全不一样了。在种南瓜的过程中，他们亲近自然，体验到"一分耕耘，一分收获"的艰辛和快乐；他们也感受到了大自然的赐予，观察到一颗种子长成果实的过程，亲身体验生命的周期。种南瓜的过程也是孩子们热心期待、辛苦付出的过程，他们将自己学到的知识运用到实践中，孩子们既有分工，也有互动，共同分享果实丰收的喜悦与得意。

这些都是在宽容和理解孩子们的老师的支持下完成的。这些"孩子王”懂得保护孩子们的热情与稚气，与他们一起分享丰收的喜悦与快乐，给孩子们出主意，还让厨房的师傅帮忙加工，让孩子们有了被理解与被支持的惊喜。

孩子们已经做好第二年的规划了。第二年一开学，他们就要在花房里实施新的种植计划，因为他们得到了充分的肯定，感受到了亲手劳动的快乐与自豪。

我感动于孩子们的成长与收获，感恩于老师们的理解与宽容，有你们的照顾，是孩子们的幸福！作为父母，我们在骄傲的同时，也多了一份思考：我们可以为学校、为环保、为孩子做些什么呢?

丰富的社团活动和实践

在丰富的社团活动和实践中，孩子不仅体会到了幸福，更体会到了成就感。

吃自己做的青菜汉堡

有一次，我去女儿学校，奉女儿之命买了很多食品，有汉堡、面包、火腿肠、沙拉酱、番茄酱等。虽然不知道她具体的打算，但我还是“纵容”她经常发号施令。只要她开出采购单，我就遵命跑到各处去买，然后大包小包地带过去。我珍惜孩子们每一次活动的热情，愿意为他们服务。

当天，女儿就打来电话跟我汇报活动情况：花房里种的各种青菜都很大了，有生菜、小青菜、菠菜等。现在天冷了，长得慢了，有几个小同学提议做汉堡和蔬菜卷，享受一次收获的快乐。女儿采纳了大家的意见，下午拔了菜，拿到老师办公室洗干净，那个最爱待在花房的初一男孩儿，在花房里手持刀叉，给大家做起了汉堡。

“大家好开心啊，几十个人凑过来，捧在手里，吃得好香！这样的活动很好，能吸引很多人过来，每个人都很高兴。”女儿兴奋地说。

“你们吃得很香还有一个原因，这是你们自己的劳动果实，吃自己种的菜，又是纯天然绿色的，当然香了！”我接着解读他们的心理状态。女儿连连承认说：“是的，是的，很有成就感！这是我吃过的最香的汉堡了！”

这个活动让几十个孩子感受到了幸福，让他们的人生多了一次新的体验，我也很有成就感。

上海“根与芽”活动

又到了一年一度上海“根与芽”的活动时间。女儿早就开始筹划去上海的事，最后确定了参加人数，她让爸爸提前帮同学买了火车票，然后一大早就离开家去赶火车。

晚上女儿回来，是爸爸去接的。回到家，又是几大包东西，都是她淘的宝贝——英文书，各种小玩意儿，还有她带去的宣传资料。

她一脸兴奋地告诉我：“妈妈，我看到了珍·古道尔！她是个很慈善的老太太，很普通，但是很可亲，她的手里还一直抱着毛绒猩猩玩具。我买了她的传记，上面还有她的亲笔签名呢！我们还邀请她和我们一起拍了照片呢！太兴奋了！这次活动是陆老师陪我们去的，她真的很爱护我们，总是提醒我们注意安全，鼓励我们去找机会和人交流。有老师在，感觉就是不一样。”

看她拍的照片，听她介绍每个宝贝的出处，听她讲在场里看到的新闻，听她说他们用英文介绍湿地和环保社，她自己先讲，其他社员在旁边听，后来她又推动其他社员去讲。他们都在一点一点地突破自己，都有很多收获和发现。

这是她第二次去上海，整个活动由她策划和管理，她担负着更多的管理责任。与第一次的新奇相比，这一次她更沉着了，心里也更有数了。她积极发展新社员，也有意识地物色新的社长。

一眨眼一年就过去了，印象中她仿佛刚刚被选上社长，而今她已经开始物色新社长准备交班了。在她担任环保社社长的这一年中，发生了很多故事，我想这些故事会深深地烙在女儿的生命中，成为她最珍贵的回忆。

这个年轻的“老”社长真让我赞赏不已！

校园湿地活动

有一次，我和先生都在上海上课。下课后已是下午5点半了，女儿打来电话，问我姥爷家怎么走。她说姥爷做好饭让她去吃，她迷路了，车子没有电了，而姥爷的电话又停机了，联系不上。麻烦的是，她6点还要去家门口接一个老外。有几个从上海过来的德国学生要参加他们学校组织的社团联谊活动，当晚那几个德国学生就会过来，其中一个学生只带了护照的复印件，没带护照原本，不能住店，女儿便请这个学生来我们家住。她让这个德国学生从上海坐火车来苏州，直接打车到我们家门口，她在家门口等她。眼看时间就要到了，女儿很着急。我建议她不要去姥爷家了，但她又担心姥爷白等。她说自己会想办法解决，就把电话放下了。

我感觉得到孩子的为难，她要照顾这么多人的心情，天又黑了，可我没什么办法，只好让她自己去处理了。

晚上，我拨了女儿的电话，她的口气轻松了很多。她告诉我，她去移动营业厅帮姥爷交了话费，给姥爷打了电话，然后又赶到家门口接了那个德国学生。女儿说："我都快急疯了，逼着自己想出这个方法来。"我说："这也给你创造了一个激发自己潜力的机会呢！"我不断地跟先生说，女儿太了不起了，她竟然想到了第三个解决方法：给姥爷充话费！这是一个三赢的方法，她太有潜力了！女儿接到那个德国学生后，把她带到了家里，姥爷又给她们送来了吃的，还跟那个女孩子聊起了德国。女儿的阿姨在德国，姥爷曾去德国看过，所以姥爷和那个女孩子很有话聊。那个女孩子在家里的感觉很好，跟女儿也有很多交流。

第二天她们又打车去宾馆，接上另外几个年轻人，到了学校，开始湿地文化交流活动。

学校湿地博物馆是孩子们主要的参观场所，女儿组织环保社团做了周密的安排，包括接待、介绍、午饭，也包括前期向学校请示汇报，发出邀请函（中英文对照，都是女儿自己弄出来的），与联谊学生的联系、交流等。女儿是主讲人，她已经习惯了用英文介绍博物馆，社员们也都积极参与，很多孩子感触很深，纷纷问她："社长，以后这样的活动还有吗？太刺激了！"

参加联谊的学生也有很多收获，对这个学校、这些学生有非常高的评价。学校湿地博物馆为孩子们创造了对外联系的空间，孩子们在做主人的同时，也锻炼了自己的综合能力。

晚上，女儿打电话给我："妈妈，终于结束了！太累了！本来下周还有个活动呢，可是我累得吃不消了，不想搞了。我想学习了，太想学习了！"

听到女儿这番话，我眼泪差点掉下来：这就是孩子体验后的真实感觉！她全身心地投入活动中，有了体验和收获，开始决定放权，学习管理，推动其他同学去做。这是她学习和体验之后学到的经验，有了今年的这份全力以赴，以后再参加类似的活动，她就会有一份超脱，更懂得管理。这就是她要经历的过程。

与此同时，她也认识到学习的重要和自己对学习的渴望，经历辛苦之后回归课堂和课本，比别人要求她回归更有效果。

越来越多的孩子不爱学习，但女儿却说："我太想学习了，太爱学习了，每一门课我都喜欢，都很有意思。"我无比欣慰。她虽然少有名列前茅的时候，但她对学习的兴趣和热爱始终不减，这是她发自内心的爱，是最宝贵的东西。

平衡社团工作与学习

父母信任孩子，帮助孩子学会管理时间和交托工作，孩子可以做到社团工作和学习两不误。

高一下学期，学校开家长会，我坐进教室，感觉很新鲜，这是女儿上高中后我第一次来她的班级。上学期开家长会，我们出差在外，只能请一个朋友代开。

班主任滕老师对班级情况做了基本介绍后，数学、历史、物理、英语等几科老师分别介绍情况。每个家长都拿到一本《学生学业成绩等级记录册》，还有孩子自上高中以来历次重要考试的排名及分数。我早就料到了女儿分数曲线的起伏变化，她的数学成绩不好，在班级排倒数几名，把总分拉下来了。我也在心里自责：平时对她的关心太少了，每天只是在电话里听她报告自己的情绪变化，在学习方面帮不了忙。每次说到数学，她总会岔开话题，我知道她有压力，也多次主动提出帮她请家教，但她一直坚持用自己的方法慢慢提高，不愿意让我帮忙。她说她数学没学好是因为做题太少，缺少练习。她这学期忙于花房管理，更没时间做题了。不过，语文和英语的优势越来越明显，这得益于她一直的积累和兴趣，同时也说明她虽然忙，但文科学习并没有因此受太大的影响。

听了老师们的介绍，我想跟每位老师沟通一下，这也是我失职的地方：只是单一地信任和欣赏女儿，自己给她支持，却从来没有跟任何老师了解过孩子的学习情况。我分别跟每一位老师求教，老师们都对环保社的工作给予了高度肯定，并表示乐于在学习上帮助女儿，也提出了中肯的建议。

数学老师王伟一再表示愿意给她多些提醒和辅导，只要女儿来找她。班主任老师也语重心长地提醒我，引导她面对现实，找到有效的解决方法，不能逃避，越逃避越被动。老师们如此支持孩子的业余活动，如此关心孩子的学习，我很感动，也心安了很多。

带着老师们的建议回到家，我跟女儿进行了一次建设性的谈话。她也认识到，社团投入的精力过多，导致投入理科学习的时间少了。她表示接下来要学会放权，处理好“主业”与“副业”的关系。受到老师们的鼓励，她也更有信心了，我要做的是督促她在行动上改变。

这次家长会让我明确了自己的责任，也更加相信女儿的学习能力与自我管理能力。我坚信，环保社的工作不仅不会影响女儿的学习，还会激发她积极生活和自我挑战的勇气。下一步，她必须学习更有效地管理时间，提升学习能力，不能顾此失彼。我坚定地站在女儿身后，支持女儿在环保、学习方面取得双丰收！

高二上学期的家长会，我因在上海讲课，又请一个朋友代开。开完家长会，朋友打电话给我，告诉我女儿上台领了两次奖，分别是学科竞赛奖和英语演讲比赛奖。她用羡慕的口气说："你是怎么教育孩子的啊，成天不在家，也不管她，孩子还有这么好的成绩。不像我们，天天陪着孩子，孩子还是不争气。"我说："唉，你不知道，我心里也很内疚啊。我不能像其他妈妈那样尽责，只能通过电话跟她联系。不过，只要我在家里，我就会全身心地陪她，多跟她交流。我们交流的话题很开放，我希望借此了解她内心的状态。这也算是对她的补偿吧。"

话虽这样说，我还是会经常内疚，虽然女儿一直说她能照顾自己，她喜欢一个人在家，同学也羡慕她可以一个人在家，可我还是放心不下，每天通过电话与她聊聊，跟她多些沟通。我常常发现她了不起的地方，所以很少要求她什么，会给她选择的机会和时间，让她自己做决定。她的智慧和力量在某些方面已经超过了我，我对她也更加信任，相信她能照顾好自己。

不管怎么说，我还是决定回去后看看陆老师，她比我这个当妈妈的还有爱和耐心，我要当面感谢她。陆老师在办公室等我，我很不好意思。女儿分班半年了，我竟然还不认识陆老师，我一直在短信中跟老师交流。今天看到这个温文尔雅的女老师，我感觉很舒服。老师桌上摆着班级学生的合影，都是洋溢着青春阳光的照片。老师的电脑桌面是孩子们的另外一张合影，老师陶醉地向我介绍这两张照片的来源，一脸得意，是妈妈向别人炫耀自家孩子的得意。老师的用语也显示出她对孩子们的爱，她总是说"孩子们""我喜欢孩子……"这暖暖的、软软的话，听得我心里热热的。

这实在是一次与众不同的见面，老师没有告状，也没有一本正经地汇报分数、名次，而是以聊家常的方式分享着孩子的情况，化解了我这个不称职的妈妈的尴尬，也化解了我在老师面前的紧张。老师一直讲孩子的优点，但我心里明白，孩子有许多要成长的地方，但这个宽容的、有爱的老师，给了她空间，也给了我这个妈妈更多的信心和尊严。

在学校里工作多年，我看了太多幕家长见老师的情景：讨好的、赔不是的、赔笑脸的、流泪的、无力的、无奈的、气急败坏的……做家长这么多年，更多的是在家长会上听老师说“希望”“不足”，只有此时，我才感觉到老师“爱”的温暖，老师的肯定和鼓励给了我信心，让我更加爱孩子、爱自己。

谢谢你，陆老师！让我的教师经历增添了特殊的形象记忆，让我做妈妈的经历增添了很重很重的温暖光彩，感谢你给予所有孩子的那份源源不断的爱！

小小的工作，大大的改变

社团工作并非游戏，而是孩子改变自我，逐步累积社会经验的一种重要方式，是孩子找寻人生方向的一个重要指导！

变化一：开始主动沟通了

女儿做社团工作以来，我能感觉到她的变化。最大的变化是，开始主动沟通了。

女儿看似很有力量，也很阳光，但不愿意与人沟通和交流。跟她一起买东西，都要我出面，有要求她也不愿意提。她自我设限颇多，有时又不耐烦，总觉得别人听不懂她的话，常常话说到一半，看别人不懂，就懒得再说了。但是最近，她经常向我报告主动与人沟通的信息。

她说会与校工师傅聊天。校工总是默默无闻地做事，很少有同学看到他们。她看到校工会主动微笑打招呼，校工也总是回以笑容。

那天，学校负责收废纸的校工找她谈回收废品的事，她主动与他聊天，校工非常开心地与她聊了很多，聊到北方人与苏州人的不同时，他用了“咱们北方人”这个称呼，好像“我们已成了一家人”。女儿开心地跟我讲述这个过程。

还有一天，在外语课上，她主动与外教打招呼，说自己想跟他练口语。外教很开心，两人聊了很多。当聊到女儿最近感兴趣的英国20世纪40年代的怀旧古典音乐时，外教竟然兴奋地哼唱起来，两人聊得非常投机，好似觅得知音一般。女儿很兴奋地告诉我，她喜欢的音乐很“小众”，很难找到聊得来的人。外教发现女儿喜欢的音乐正是他喜欢的，惊喜不已，还兴奋地问她是从哪儿了解到这种音乐的，并且支持她的音乐探索活动。

女儿开始更广泛地与人沟通，我也领略到了更丰富多彩的世界。环保社打开了女儿与外界沟通和连接的管道，让她变得更自信、更放松、更主动、更有主见！

变化二：摸索自我生存的有效模式

女儿说学校有个老师好奇地来看花房，询问回收小组与花房的关系，然后那个老师用很精辟的一句话做了总结："噢，你们是用回收小组养活花房啊！"女儿非常接受这个老师的概括。她说："我们就是走的这条路，回收废纸赚了钱去养活花房，这样既做到了环保，又尝试了创业，还为学校增添了一抹绿色，更为越来越多的同学提供了一个亲近土地、亲近自然的机会，这样很好啊！"

我也感觉这是非常好的探索：女儿在宣传环保理念时，也将这一理念付诸具体的行动。她把很多同学带到这个事业中，把节约变成一种习惯。他们在卖废品时，会寻找更公道的买家，以获取更多的回报，又把这些回报用于学校的绿化、花房的建设，包括为红十字会捐款方面。他们在学习成本控制，学习自负盈亏，学习做公益事业，还锻炼了理财、创业能力。社团有自己的财务制度，有专门负责管理现金、记账的学生。卖废品的钱会及时上交，每一笔支出都尽可能节约，女儿会教育同学"货比三家"，做市场调查、询价。这些从小出手大方的孩子开始学习"过紧日子"。"这钱是大家的，是学校的，不可以乱花。"这是女儿一直挂在嘴边的话。

有一次，她看到学校在装修博物馆，扔了很多空调的外包装纸箱，她如获至宝地跑过去，跟施工单位打了招呼，捡回了好几个，乐得合不拢嘴，因为又可省下很多买纸箱的钱了。她非常开心，非常有成就感：

“因为我们不是为自己赚钱。”我明白她的想法是：这样计算也好，节约也好，不是为个人谋利，而是在尝试进行生存和创业的实验，是在做一项宏伟的事业，完成一项顺应人类历史潮流的使命，那就是爱护地球，用最简单、最健康的方式生存下去。

变化三：一不小心成了“名人”

自从做了环保社的工作，女儿总说时间不够用。在学校里，她都是跑着走路的，一有空闲就待在花房里，一待就忘了时间。“我都害怕去花房了，时间一眨眼就过去了。”每周回家的那天，她也不休息，反而更加忙碌，不是在电脑上查找资料、做文字处理工作，就是去市场或超市买些必需品，这让她本就繁忙的周末更加充实。看她忙碌的身影，我们总是心疼地提醒她要照顾好身体。孩子做自己喜欢又适合的事情时，潜力和创造力会被激发出来。我一直觉得她是有能量的孩子，对很多事都有独到的看法。她总是先找到事情的意义和价值，再说服自己投入全部精力去做。环保社就是她认为有意义的事，为她看似封闭单调的学习生活增添了很多趣味。

与此同时，越来越多的同学加入这个社团。他们被这个生机勃勃的团队吸引着，有的同学甚至想从其他社团转过来，有的同学直接利用空闲时间过来。她的社团里有初中学生，也有高一、高二的学生，有男生，也有女生。他们来到花房好奇地东瞧西看，然后申请做些什么，浇水、移盆、间苗……他们不嫌脏也不吵累，做得很开心。也常有老师来花房转转，给孩子们提些建议。有位老师走进暖房，还顺手摘了一片薄荷叶子，放在嘴里嚼，连声称赞："不错，不错。"然后主动提出借给女儿一本种番茄的书。学校领导也经常来，蔡明校长会给出很多具体的指导和建议。外面的参观团会慕名而来，到花房来取经。

这样的故事实在太多了，不管大人们如何看这个还显空旷的花房，孩子们亲自体验了从无到有的过程。他们如数家珍地报出每盆花草的来源和故事，他们欣喜地看到萝卜长出了块状的根茎；他们见证了生物书、化学书上的理论在现实中活生生的呈现；他们学会了珍惜，也学会了放弃；他们了解了"温室"与"放养"的不同，体验到了太过周到的爱和保护会伤害一株幼苗。天气越来越热，他们把所有的植物都搬到园子里，他们终于舍得把这些幼苗放在大自然中了，自然的风吹雨打能帮助幼苗更有力量地成长。

这件事的意义已经超过了花房本身，成为孩子们青春的记忆中难得的体验和经历。我又想起了王蒙的《青春万岁》里的序诗：

所有的日子，
所有的日子都来吧，
让我编织你们，
用青春的金线，和幸福的璎珞，编织你们。
有那小船上的歌笑，月下校园的欢舞，
细雨蒙蒙里踏青，初雪的早晨行军，
还有热烈的争论，跃动的、温暖的心……
是转眼过去了的日子，也是充满遐想的日子，

纷纷的心愿迷离，像春天的雨，
我们有时间，有力量，有燃烧的信念，
我们渴望生活，渴望在天上飞。
是单纯的日子，也是多变的日子，
浩大的世界，样样叫我们好惊奇，
从来都兴高采烈，从来不淡漠，
眼泪，欢笑，深思，全是第一次。
所有的日子都去吧，都去吧，
在生活中我快乐地向前，
多沉重的担子，我不会发软，
多严峻的战斗，我不会丢脸；
有一天，擦完了枪，擦完了机器，擦完了汗，
我想念你们，招呼你们，
并且怀着骄傲，注视你们。

这是我非常喜欢的一首诗，曾经推荐给女儿，她在初中毕业典礼上朗诵过。当我和女儿一起参观她的花房时，我又情不自禁地想到这首诗，不知不觉地吟诵出来。女儿就是在用这样的方式体验人生、抒写青春。

一直以“做人要低调”自警的女儿，无论如何也低调不成了，她全身心的投入让环保社的名气越来越大，越来越多的人被吸引，越来越多的人关心他们，关心这项事业。听说每科老师都肯定她做的这件事

时，她连说：“糟了，糟了，我不想让他们知道啊，他们怎么都知道了呢？”我又一次提醒她，忍着不让自己把力量发挥出来，也是一种浪费，要接受自己现在的状态，她不置可否。她身上有很多东西已经超越了我，比如自足的充实感。她做事只在乎自己的投入，不在乎也不想得到什么肯定，她会给自己充分的自我肯定，这一点我自叹不如。

女儿说想给花房取名，用一首歌的名字——《磁石》，借此描述它在学校里受欢迎的程度，并且预示着它越来越有生命力和吸引力。

我眼前出现了一幅画，这个茶色玻璃、棕色框架的小屋，像一块巨大的磁石在旋转，集聚越来越多的能量，辐射出越来越大的能量场……

花房的“家庭顾问团”

孩子从事社团工作，少不了父母和亲人的支持，这会赋予他更大的热忱，让他从工作中学到更多的知识和经验。

参加了环保社、弄了花房之后，女儿就难得按时休息、回家，她总是在花房待到很晚。我们一直忙，没有时间照顾她。这一周有空，我来送她，她问我要不要看看花房，我说好啊，我脑海中出现了一个茅草屋或者塑料大棚一样简陋的花房形象。我心里想：“能有什么好看的呢？”我跟着她绕到楼后，她指着眼前这座现代风格的“房子”给我看时，我惊呆了：“这就是你们的花房？这么气派，这么大！”

花房由铝合金框架做成，并安装了全茶色单向玻璃，看起来很现代化，北面相邻的是一个十几平方米的、由木篱笆围成的露天小院。又有暖房，又有天然的园子，就这样安静地待在校园西侧，靠近德威国际学校东院墙的地方，不说的话还真不知道呢。

走近篱笆小院，女儿娴熟地打开外面的一道锁，带我进去。土地上还能看到早春的料峭，只有黑色的泥土，还有些稀疏的杂草。打开房门，有一个师傅在装水管，水管排了上下两层，每层都有好几个水龙头。我正好奇装这么多水龙头的用途，女儿就开始了专业的示范、讲解：“这是喷雾，这是喷灌。”这里竟然这么好玩！门口摆了女儿买的扫除工具，左右都是两排三层的搁架，架子上摆着大大小小的花盆，还有些一次性纸杯，里面都种着植物，纸杯上还贴着标签，写着植物的名字、班级、学生名字等。这些植物是来自全国各地的学生假期返回学校时带回来捐给花房的。里面还有一些大的塑料收纳箱，种的是白菜或萝卜，有些小苗都长出来了，密密的，单薄而细嫩；有些箱子里还没有长出植物，女儿告诉我其中一箱是芝麻，还有些是蚕豆、油菜、西红柿……她开学前买的郁金香球、睡莲球都种在水里。

我问她从哪里搞来这么多种子，她说是动员同学从家里带来的。第一届少科班的学生来自全国各地，这些种子真的是来自五湖四海呢。

靠门的架子上放着很多照片和资料夹，包括社团活动的照片、女儿查找的环保资料、社团人员的分工和职责等，还有女儿喜欢看的一本书——《生存手册》，花房的陈设算得上井井有条。走进花房，女儿还自然地拿起一块抹布，把架子上、地面上的水擦净。干得那么娴熟，完全不似在家里家务“与我无关”的态度！我惊讶地观察这个房间，观察平静自若的女儿，现在的她看起来像个大人，一副“当家做主”的主人翁形象。

女儿轻车熟路，把东西摆来放去，很是自如。我帮不上什么忙，还总是问这问那，毛手毛脚，反倒显得幼稚和无知。一会儿工夫，就到了上晚自习的时间了，我催她去上课，她说：“挺奇怪的，不知不觉就在花房里待了半小时，所以我都不太敢来这里了。”

我强烈动员女儿请姥爷做顾问。凭借我只种过白菜、土豆的经验来看，花房还是需要专业指导的：播种时，土是否要按紧；密的苗是不是要间掉些，怎么间苗；是不是要经常开窗通风，以利于苗的成长……我不敢随便说，因为女儿太宝贝那些小苗苗了，不舍得开窗通风。我告诉她，温室里的花朵长不好，可她不信。于是，我建议她请从小在农村种地的姥爷来指导一下，女儿接受了建议。在我们出差的那个周末，姥爷给她送东西，顺便去花房看了看。女儿无比开心地迎接姥爷，向他炫耀自己的宝贝，姥爷也提了很多建议，还帮忙拔了一些太密的苗。“就是让孩子们种着玩玩吧，看看植物的生长过程。”70岁的姥爷开明地看待孩子们的这项伟大工程。

隔了几周，孩子的爸爸终于有空了，跟我一起送孩子时，我建议他去看看花房。先生不以为意地跟我们走到花房前，看那花房的刹那，他惊喜地瞪大了眼睛，嘴里不停地赞叹着，把花房里里外外看了个够，同时又提出很多建议，比如要起个名字、做个标志，要把社团同学的照片贴出来，要明确分工、规章制度，还有育苗的知识和植物介绍等。对于女儿弄的那些宣传资料，爸爸建议做成海报张贴出来，这样就更有氛围了，也更能起到宣传普及的作用。女儿很服气地点头称是。

女儿又埋头忙起来，她还安排我们干活，一会儿浇水，一会儿倒土，我们倒也乐此不疲。我心里满是感动：她在学习陪伴，陪伴这些绿色生命的孕育和成长；她在学习负责任，为这些娇嫩而顽强的生命负责任；她在学习体验，体验做自己喜欢的事的过程；她在学习管理，让来自不同年级、不同班级的同学共同完成这个事业；她在学习沟通，把她心里的设想告诉更多的人，让他们明白，并跟随她一起做；她在学习第一次创业，学习第一次投资，学习有关成本的概念，体验付出与收取的关系，学习生物、植物养护的知识。她在这个安静的空间里吸收营养，也在这个空间中跟小苗苗一起成长！

我满心欢喜，满心感激，对这个开放的学校，对这个自由的空间，对这块春天的土地，心怀感恩。不只因为我是孩子的母亲，还因为我有一颗容易感觉到生命美丽的敏感的心。“为什么我的眼里常含泪水？因为我对这土地爱得深沉……”艾青的这句诗又跳到了我的心里。

有了与学长去相城花木城购物的经验后，女儿总会不自觉地说起那里丰富的物资，直到她实在忍不住，让爸爸直接带她到花木城。她怕爸爸嫌远，不断地说快到了、快到了，到了目的地，爸爸才发现好远，也惊讶于上次他们是怎么找来的。这次她做向导，带着爸爸到处看，并且请爸爸帮忙买花土。爸爸从开始拒绝花钱买土，到最后跟卖土的人套近乎，直到卖家以较低的价钱卖给他一袋土。女儿在一旁看着，开心得不得了，对爸爸的公关水平佩服得五体投地，她第一次发现爸爸的这项才能。她在旁边观察爸爸如何与人沟通，看到了爸爸智慧和能干的一面，她心里的爸爸顿时变得更加高大了。

当社长的回顾与反思

在社团中，孩子的身心得到了放松，也能主动学习了，它是孩子与生活、生命连接的桥梁！

高二上学期的最后一天，我把女儿接回来，带她去吃了一顿“大餐”，然后全家人一起去超市。路上，我们抢着分享这一周的见闻。

我一边逛，一边听女儿说。她说：“从上周买了新衣服、剪了这个发型、进了高二文科班、加入环保社后，我觉得每天都很快乐！”

“是啊，我也觉得你进入环保社之后有了极大的变化。我还记得刚上高一时，滕老师说你太紧了、太闷了，像从乡下来的孩子，一点都不像苏州孩子。以前你不爱讲话，买东西从来不好意思开口讲价，遇事总把我推到前面。现在你完全不同了，这么大方、主动，还充满热情，我看着都高兴。”我说。

“是的，高一的物理让我太有挫败感了，我花了很多精力却没有效果，那时我实在太压抑了。那天张中天看到我在招待外国孩子，讲解湿地博物馆，还跟我说：‘你成长得真快，看你现在的样子我很开心！’他帮了我很多，还记得我们第一次社团活动，他找了一个同学，让他陪陪我，因为我这个人不肯讲话。他给了我很大的帮助。我现在也在帮新社员，继任社长的是个高一女孩儿，她也不爱讲话。我就像张中天帮我一样带带她，有活动就指导她，推动她主动与领导交流，教她怎么跟别人介绍等。我觉得这样做，我们这个社团才会发展得越来越好！等到他们可以独立做了，我才能退下来。”

听孩子这样说，我心里很激动。我们在不经意间完成了年末反思和总结。女儿在环保社完成了快速的成长，从沉默、害羞的小女孩儿成长为有系统思维、有传承意识的大孩子。这些变化源于宽松的环境，源于老师们的爱与宽容，源于学长们的带动与示范。在短短一年的“任职时间”里，女儿也学会了把这些好的传统传递下去。这是一个社长的成长过程，又何尝不是生命延续与传承过程呢?

短短一年，种子长成果实，女儿也完成了社长使命，这短暂又浓缩的生命周期，蕴含了多少人生哲理与经验！看得见摸得着的是植物的花和果，是自然的更迭；看不见摸不着的是孩子们精神的丰富与成长，是力量的强大与升腾。我感受得到女儿的喜悦与快乐，更感受得到作为妈妈的欣慰与幸福。

“就是要多组织吃青菜、吃南瓜这样的活动，这样可以吸引很多人，也可以让社员们更有成就感和自豪感。同学们都很认真地做这些工作，初一的那个小男孩儿每天都会来花房，默默无闻地搞卫生、锄草、喂小老鼠。我们只要坚持把回收的事做好，就会一直让花房里充满绿色。”女儿还在总结和思考明年的工作，我感受到了她的成熟，认真地对她说：“我同意你，支持你！”

第二年3月要会考，她的学习压力越来越大，但我仍然支持她继续做这些事，因为这个过程也是她学习和成长的过程，是她与生活、生命联结的部分，也是她放松身心、感受生命意义的部分。

这些经历会促使她更主动、更自觉地学习，我相信她一定会取得好成绩，我支持女儿用这样的方式成长和生活！

第六章

妈妈才是需要改变的人

我们不能要求世界完美，但是我们可以取得自己的成功、快乐，纵使它是不完美的。

We cannot demand the world to be perfect, but we can have our own success and happiness in spite of this world being not perfect.

冉安鑫 / 译 / 绘

妈妈是最好的，孩子就是最好的

孩子是父母的天使，他能够推动父母更好地体验生命成长的美妙。

我一直以为自己最懂教育女儿，以为自己最适合教育女儿，因为我有丰富的理论基础，还有一颗迫切的心：我要做得比我的妈妈好，不想让女儿重复我小时候的伤痛。我一直按照书上的教育理论教育女儿，一直很自信。女儿5岁时，我把她放在同学家里小住了几天，当她跟同龄的潘天在一起玩时，我的同学，潘天的妈妈，看到了很多我没有看到的东西。

我从外地赶回来时，潘天的妈妈很认真地问我："你对女儿的管教是不是太严了？"在女儿小住的这几天里，潘天的妈妈发现女儿跟潘天玩的时候，总是显得很紧张，每当她拿出好吃的东西给女儿时，女儿的第一反应总是"不要"，但又眼巴巴地看着，再把吃的拿给她时，她会一边吃一边说："不要告诉我妈妈哦。"

潘天的妈妈说："跟潘天比起来，她显得太懂事，不像一个5岁的小孩子。"女儿感冒发热还没好，又来到一个陌生的家庭，爸爸妈妈又不在身边，紧张是可以理解的，但女儿表现出超年龄的克制却让我警醒：我是不是忽略了孩子的需要，对她的要求和限制太多了，导致她很难做到身心合一?

老同学的提醒犹如棒喝，这还是第一次有人以旁观者的角度提醒我教育的局限和不足。我听进了她的提醒，开始反思自己的言行。我想做得比妈妈好，却在不知不觉中复制了妈妈的教育方式。表面看我比妈妈民主得多，但骨子里的信念控制着我的行为。比如，“孩子不能惯”“小女孩儿不要太注重外表，讲究穿衣打扮的孩子，会没有心思学习”等，这些信念让我对女儿过分严厉，对她提很多要求，给她立很多规矩。

当然，这也是爱，但不是理智的爱，是无意识下被控制的信念的循环，是我因不接受妈妈的教育方式而产生的补偿心理，我陷入了想超越却被动模仿的矛盾旋涡。

我开始观察女儿，观察我和女儿的互动，我在她的紧张、尴尬中看到了自己的影子。我教育女儿时，就像妈妈对待童年的自己一样。我似乎不是一个妈妈，而是一个受伤的小女孩儿，带着怨气照顾另一个正在长大的小女孩儿。我从她的眼中读到了紧张和害怕。我看到了这些现象背后隐藏的东西，可我不知道该怎么办。我开始焦虑，越焦虑越容易关注孩子的缺点和不足，而我又无力改变，这又增加了我的焦虑和压力，我陷入了恶性循环。

2002年2月，我听到在内蒙古老家的妈妈病危的消息，我急了，我还没来得及照顾她，还没有让她享福，我不能接受这个现实。

先生当时在外地工作，能陪女儿的只有暂住在家里的堂姐夫。我以最快的速度买好车票，简单收拾一下，把孩子托给堂姐夫照顾，自己回家探望妈妈。那时，我心里只有一个声音：“我要照顾妈妈，请妈妈给我留一些时间，哪怕为她洗一次脸，擦一次背，一定要给我一些时间！”

坐在火车上，满脑子都是混乱的想法。到了晚上，女儿给我打电话，这时已经10点多了，我问她为什么还没有睡觉，她说：“妈妈，我害怕。”

我说：“姨夫在家里，可以让他陪你睡。”

女儿犹豫了一下，告诉我：“我不让他陪，他是男的。”

女儿的这句话让我非常震惊。是的，姨夫是一个并不熟悉的亲戚，他是男的，自己是女孩儿，爸爸妈妈又不在家，她觉得不安全。我竟忽略了这一点！我只好在电话里安慰她，让她早点睡觉，答应明天请小舅妈过来陪她，女儿得到一些安慰，去睡了。

我却久久不能平静，我觉察到自己作为妈妈的麻木。我只考虑到我的妈妈，完全没有顾及女儿的需要、恐惧，我深感内疚和自责。

我带着这份内疚回到家乡，直接冲到医院，妈妈连续发高烧，糖尿病并发症引起血栓，瘫在床上不省人事。我很感谢妈妈，让我可以再见到她。看着突然衰弱、瘦下来的妈妈，我抱着她大哭，有对她的心疼，也有感恩。我有着强烈的愿望：我要好好照顾妈妈，我要为她做所有可以做的事情。

我在医院里一待就是一个月，本以为她的身体会慢慢恢复，到五一就会恢复得差不多，就可以带她回苏州。可是有一天，医生很严肃地对我说：“像这样的病人，只会越来越糟糕，不可能好。所以，你们做家属的要放下幻想，面对现实，做一个决定：到底是继续耗在医院里，还是把她带回去休养。”

在这个过程中，妈妈有好几次病危，我们帮她买了送终衣服，买了很多妈妈经常念叨的东西。她是个要强的人，经常抱怨爸爸，羡慕别人穿得好。她负责家里的财务，可她舍不得买。我不知道她能活多久，我想在她离开世界之前满足她所有的愿望：帮她换了舒服的被子，买了绣着梅花的棉袄，买了她一直羡慕的貂皮大衣……

现在医生下了命令，我们只好面对现实，跟妈妈商量了一下，问她想跟我们回苏州，还是想继续留在这里。妈妈爱弟弟，一直把弟弟当作重要的精神支柱。她说：“回苏州，跟儿子在一起。”我们开始安排把这个重病号抬回苏州。

亲友帮忙做了一副担架，弟弟的好朋友也愿意护送妈妈回苏州。就这样，我们转道齐齐哈尔，然后坐火车回苏州。一路上，妈妈的精神越来越好，我们很开心。到了苏州，油菜花漫山遍野地开着，在那个晴朗的早晨，妈妈回到了苏州，住进了弟弟家。

安排完妈妈，我去学校接女儿。短短一个月，女儿胖了许多，小脸红扑扑的。

“这一个月里，姨夫哄她吃爱吃的土豆和肉。”这是大家的解释。可我心里明白，孩子如此快地胖起来，是因为她的焦虑和紧张。她把焦虑和紧张误读为“饿”，用拼命吃消除焦虑和紧张。即使这样，她仍然独立地照顾自己、上学放学。看到女儿这样，我心酸又心痛，我的焦虑又增加了。

每天下班，我先去照顾妈妈，帮妈妈洗漱完毕后回家，做饭，照顾女儿。有一天，走在回家的路上，我突然觉得疲惫不堪，女儿在离我三四米的地方走着，我们没有手拉手，没有一起说笑，各走各的，好像两个陌路人。这情景刺痛了我，我知道我们之间出现了问题，我陷入了更深的焦虑里。

五一放假，我还是要先照顾妈妈，再照顾自己的家。有一天，我腰椎痛得不能直立，妈妈瘫在床上，我躺在另一张床上。我心里有一个强烈的声音："我不能这样，我的妈妈年纪大了、病了、老了，还有爸爸照顾。我这么年轻，孩子这么小，我病了，谁来照顾我的孩子！"

我又一次发现，我和女儿之间不过是在重复妈妈和我之前的生活。我出生不久外婆去世，妈妈把我留在家里，自己回河北老家送自己的妈妈。她可能也走得很决然，因为她要跟自己的妈妈告别。女儿8岁时，为了我的妈妈，我也毅然决然地回到老家，把女儿留在家里，我没有想到她会害怕，没有跟她做充分的告别。我在不知不觉中重复着妈妈的想法、做法，我知道不能再这样了，我要好好活着，照顾好我的女儿。

半个月后，我收到了南京晓庄学院的培训通知，这是李中莹老师开展的为期四天的培训活动。带着希冀、带着要好好照顾女儿的急切心情，我跟学校请了假，去参加培训。

课程开始前，我跟同住的一位北京朋友喋喋不休地诉说我的焦虑和对女儿的担心。四天的课程结束了，我不知道自己学了什么，课程结束前，我还问李中莹老师："我的潜意识在哪里？我找不到。"我不知道自己学了什么，只记得第二天晚上，李中莹老师开了家庭系统排列工作坊，我强烈要求以自己的经历做个案研究，我的请求被接受了。我不知道家庭系统排列是什么，但“我想活下去”的声音如此强烈，我争取到了这个机会。

在那个大礼堂里，我们在台上，很多学员在台下，当李中莹老师帮我呈现我和妈妈、妈妈和多代女性祖先的关系时，我看到了妈妈和她背后的十几位女性代表，我站在妈妈的对面，李中莹老师要求我向妈妈鞠躬，可我无法完成这个动作。多年的压抑和委屈涌上心头，我开始哭泣，大声哭泣，悲切地哭泣，我无法放下对妈妈的不满，无法向妈妈低下头。

这个过程僵持了很久，妈妈身后的代表们都落泪了，台下的学员也落泪了，可我就是无法向妈妈低头，无法承认妈妈是最好的妈妈。

无奈之下，李中莹老师叫另外一个代表上台，告诉我这是我的女儿。李中莹老师问我：“你希望你的女儿重复你的命运吗？你希望你的女儿也像你一样不快乐地长大吗？”

我坚决地答道：“不，我不要。”

“那你愿意为了女儿向妈妈低头，向妈妈鞠躬，接受妈妈的爱，让这个爱流动给你女儿吗？”

我拼命点头，一把抓住扮演我女儿那个代表的手，向对面的妈妈深深地鞠了一躬，此后便是一个很长的感情宣泄的过程。是的，在我的成长中，妈妈的辛劳、妈妈的指责和抱怨、妈妈跟爸爸不和谐的关系、妈妈对我的苛刻，都让我难以忘怀。作为家中的老大，我本应轻松快乐的童年被剥夺了。在感情宣泄的过程中，关于过去的回忆都变成了尽情流泻的泪水，哭完了，我放松了。我不知道这个方法是什么，但我感觉到有些东西发生了改变。我到底释放了什么，以怎样的心态接受了妈妈，我不知道。

回来之后，我确实轻松自在了很多。20多天做了100多个有效的个案研究，这是我做心理老师以来最有效能的一段时间。我把老师的书读了一遍又一遍，尝试用多种方法和技巧帮助来访者。

李中莹老师也通过邮件、电话关心我的状态和需要。家庭系统排列把我带出无力和焦虑的状态。

慢慢地，我梳理好了自己的状态，开始接受妈妈有一天会老去、会离开我们的事实，我最重要的任务是先照顾好女儿。我把妈妈的生活起居交还给爸爸，虽然有很多不忍，可我分身乏术，在妈妈和女儿之间，我选择尊重妈妈的意愿，先去照顾女儿。我下班先回自己家，给女儿做好饭，跟她沟通交流之后才去看妈妈。每次从爸妈家门口路过，我都无比纠结，感觉自己是个不孝的女儿，感觉自己对不起爸妈，但我还是走过那扇门，先回自己家，先做一个合格的妈妈。

我一边承受煎熬，一边开始用心陪女儿。我懂得了系统的重要法则，就是上一代渴望下一代过得好。我知道，躺在病床上的妈妈最在乎她的外孙女。所以，我忍受煎熬，先照顾孩子，让妈妈放心，让妈妈知道她的外孙女学习很好，很爱读书。我陪伴女儿的时间越来越多，女儿的状态也慢慢有了变化。她恢复到自由、放松的状态，喜欢在书上和网上找笑话讲给我们听，还要求我们一定要笑。焦虑、忙碌的我们常常笑不出来，现在我才明白，女儿在用她的方式帮我们创造快乐。

这是我第一次接触到关乎“人如何活着，如何幸福快乐地生活”的学问，是我生命中非常重要的转折：我想更好地陪伴女儿，我想让女儿有更好的、更幸福的未来，我想活下去。活了30多年才发现，童年的创伤对我的影响如此之大。

那个个案研究成了我生命中重要的转折点。我看似为了女儿接受了妈妈，看似并没有完全接受妈妈对我做的一切，但课程把我带到了一条自我成长的路上。那年夏天，李中莹老师寄给我两三本书，分别是关于家庭系统排列、前世今生、催眠的书，看着那些书，我很恐惧，甚至在大夏天躲在床角瑟瑟发抖。

对一直接受唯物主义教育的我来说，这是非常大的颠覆。我一向只相信科学，只相信自己看到、听到的东西，但这些学问为我打开了一扇门，让我看到我没有见过、没有听过但客观存在的现象。尤其是家庭系统排列，三个隐藏动力把我带到学习智慧生活的领域。当我开始习惯随时随地觉察自己是否认同每个人的存在价值，自己的付出与收取是否平衡，是否符合系统的不同层次秩序时，我变得明白了、清醒了，好像一下子从混沌中找到了明确的方向。

我开始将隐藏动力法则作为人生的指导法则，用它来解决生活中的很多困扰、矛盾，我看到自己在偌大的空间和宇宙中的位置，找到了如何跟其他人处理关系的秘诀，从此走上了一条自我探索、自我发现、自我成长的心灵之路。

2004年，李中莹老师设计出快乐亲子导师课程，我有幸成为快乐亲子导师课程的助教，开始一边学、一边讲“快乐亲子课程”，与其说我是在向别人传达、分享有效的方法和技巧，不如说我是学着用这种特殊的方式指导自己做有效妈妈。

当那些理论技巧烂熟于心时，这些理论变成了我的本能反应，我在面对女儿时会不知不觉地表达出来。我开始用不同的方法和技巧陪伴女儿，放下以往那些规矩和限制，给女儿越来越大的空间。

女儿很不适应、不习惯，她甚至悄悄对我说："妈妈，我觉得你太宠我了。"

每当女儿这样说，我都会很心酸："不是我宠你，是以前我对你太凶了。"我很认真地告诉女儿："宝贝，你有资格被妈妈宠，你是那么能干又优秀的好孩子！你配得上爸爸妈妈给你的这些宠爱。"

我很明白，我错过了女儿生命的前几年，现在展现在我面前的是不同的、新的生命状态。我的成长之路变得更加宽阔，一次次参与相关课程，一次次跟别人分享亲子关系课程，一次次处理我和妈妈的关系，一次次处理我和自己童年的关系，一次次在课程中感受自己成长的蜕变，我好像重新活过来一样。我用这样的方式寻回本来就有的旺盛的生命力，重建我与父母的关系，重建我与所有亲人的关系，重建我与这个世界的关系。

我不断释放自己，不断经历成长的痛与乐，用更多的专注与爱去面对女儿。我发现，现在的自己是全然关注和爱女儿的。我的心跟她在一起，有效、有质量地陪伴她，现在的我才像个真正的妈妈，不再是那个伤痕累累的小女孩儿，也不再是对父母心存抱怨又无比孝顺的"怨妇"。这个蜕变是女儿推动的，受益的是女儿，更是我自己。

女儿是我的天使，推动我享受如此美妙的生命成长体验；而我也是她最好的妈妈，我为了可以做好妈妈，去学习，去成长。

每一次回忆，每一次咀嚼，我都由衷地感谢女儿。是的，我不想让她重复我的命运成了我转变的动力，女儿可谓是我成长的第一个重要推动者和指导老师。

释放自己，就是释放孩子的生命活力

当父母欣赏孩子所做的一切，允许孩子按照他的方式生活时，不仅父母会感到轻松自在，孩子也会焕发出更多活力。

2002年12月，李中莹老师受苏州大学邀请，来苏州开设“简快课程工作坊”。那时我学习“简快”已有半年，正处在问题此起彼伏的时期。课前，李中莹老师又安排了两天的家庭系统排列课程。我又申请以自己做个案，还是为了女儿，因为女儿这段时期出现了啃指甲、不爱穿裙子、饭量大等现象，我很焦虑。

先生跟我一起去参加工作坊，还有我的好多同事，我无比信任李老师，没有顾及安全保密的问题，希望借此缓解内心的焦虑。很多咨询师不愿意在熟悉的圈子里用自己做个案研究，担心隐私外泄，担心个人形象受损，我没有这样的顾虑，得益于“我想活下去，我想活得更好”这一动力。我心里明白，这些创伤不是我自己创造出来的，我不想被这些创伤牵绊，更不想隐藏或背负它们，它们会销蚀我生命的能量，让我没办法真正活出自己。争取到做个案研究的机会，我很开心。排列过程让我看到，我的心仍然跟我的原生家庭在一起，先生也被离开的父亲吸引着。女儿浑身冰冷，直到跟几个人躺在一起时她才平静下来。那个时候，我的意识还在区分到底发生了什么，我好像明白了，又好像没有明白。

个案研究结束，我们回到家，女儿从房间里欢呼着冲了过来，一下子勾在我身上。一刹那，我的眼泪流了出来，我知道排列的效果已经显现出来了，在另外一个空间里发生的事情，给了女儿很多很多信息，她开始像个孩子一样依恋妈妈，她开始用她的方式表达生命的活力了。这一天对女儿意义重大，作为一个生命，她释放掉很多不应由她背负的其他人的责任，她开始找回生命的力量。她可能并不自知，但我感受到了她的变化。

从那之后，女儿很少咬指甲，我们不再关注她的饭量，也不在意她穿不穿裙子。出现某种现象不是问题，别人如何解读，如何看待，如何缓解焦虑、压力，才是问题。

释放掉那些负能量之后，我们可以平静地看待以往的焦虑，女儿也自在地享受她现在可以享受的一切，这就是治愈的过程。女儿的活力释放掉了我心里最大的石头，我越来越相信女儿，允许女儿用她的方式度过她的人生，这是女儿推动我又一次成长的个案。

放下自己的负累，孩子的“心魔”也会消失

卸下心中的包袱吧，只有这样，你才能给予孩子最完整的爱！

我开始成长之后，越来越多地看到身边人的不足和局限，看到他们也需要突破和学习。所以，我经常推动其他人去学习，但常常遭到拒绝，我甚至因此和他人产生了矛盾。有段时间，我和先生就处在这种僵持中，我不知不觉走入了不看自己只看别人的误区。

我又一次接到一个课程信息，是海灵格先生在深圳举办的家庭系统排列工作坊，我被邀请去做个案督导。我想让先生跟我一起去，可先生没有这样的意愿，最后我决定自己去。走之前，女儿对我说：“妈妈，我跟爸爸在家很害怕。”

“怕什么？”我问她。

她说：“我不知道。”

我不知道怎样消除女儿的恐惧，心中更多的是对先生的不满，肯定是因为他态度不好，女儿才会害怕。女儿的“我害怕”提醒我，也许我要为自己家做个案研究。

我争取到了个案机会。我坐在海灵格先生身边，他问我：“有什么需要？”

我说："女儿害怕一个人跟爸爸在一起。"

海灵格用他具有穿透力的眼睛注视了我一会儿，然后说："No。"

我很茫然，我不知道他这样说是怎么回事，然后他问："家里发生了什么事情？"

我先从先生家讲起，他的外公、他的爷爷、他的爸爸等。这是我们学家庭系统排列之后常犯的错误：了解其他人家族中不正常的生命现象，然后带着"一定对后代有影响"的假设去看身边的人。

海灵格打断了我的话，他说："No，不是那么远的故事，而是很近很近的现在。"

他说"现在"，我想起来刚去世的公公对丈夫情绪的影响。

海灵格仍然坚定地摇头："No，我想知道你自己做了什么？"

我的大脑一片茫然："我做了什么？我没有做什么啊？我开始努力学习，我已经越来越像个好妈妈、好太太了，我没有做什么坏事啊。"我茫然地看着海灵格。

他接下来的一句话猛地敲醒了我："她怕的不是她爸爸，是你。"我好像听懂了这句话的意思，开始变得放松。

我似乎被海灵格催眠一样，跟随着他的下一句话，身体发生了极大的变化。海灵格说："她怕你像对待其他孩子一样，也杀掉她。"

听完这句话，我的眼泪已经出来了，身体不由自主地弯下来，像是在表达我的歉意，像是在谢罪。海灵格后面的话，让我整个身体都弯下来，向那两个没有活下来的孩子表达歉意。

他说："现在你的心已经知道，你要为你做过的事情承担责任。"我坐在椅子上，头完全垂下，双臂也完全垂下，整个身体像要跪下来。我的意识似乎不知道我在做什么，可是我的心、我的身体在对我曾经有过的两个未出世的孩子说：我认罪，是我杀了你们，不管出于什么理由。我接受这个事实："我是你们的妈妈，而我却杀了你们。"

这样的姿势我不知道维持了多久，我的呼吸配合着身体有很大的起伏变化。最初我的情绪波动很大，夹杂着愧疚、心痛。慢慢地，我平静下来，整个过程很挣扎、很辛苦。我跟随我的心，为我自己赎罪。作为妈妈，我没能让自己的两个孩子活下来，我愿意为此承担罪责。

过了很久，我慢慢平静下来，这时我已经全身酸软无力。海灵格给了我很大的爱和关注，他让我把头靠在他的膝上稍微休息一下。在他的关爱和关注的包围下，我像一个受了委屈的孩子，终于得到了爸爸妈妈的爱，更像一个迷途的羔羊终于找到了回家的路。个案结束，我的身心仿佛陷入无边的寂静中，我从中看到了真正的自己。

学得越多，越容易看到别人的问题和毛病，越容易为别人处理问题和矛盾，却不懂得发现自己还有很多没有卸下的包袱，还有很多没有还完的债，还有很多不敢面对的事实，还有很多不敢说"是"的过去。

这些会锁住我生命的能量，会让我身心分离，会让我把指责的手伸向别人，却姑息了我自己。

做完个案之后，我明白了我们生命中发生的所有事情，我们自己都负有一份责任，我们身上发生的所有事情，都要我们自己先承担、面对。

回到家里看到女儿，我很安心、很快乐。我开始学习以不同的方式与先生互动。他是我最好的老师，也是女儿最好的老师。我开始允许他与我有不同，并试着去欣赏。这是女儿对我的又一次推动，让我有勇气面对生命中一个极大的创痛，让我释放了对没能活下来的孩子的歉疚与自责，让我有更多的能量活在现实中，全身心陪伴我的孩子。

感谢女儿！

七彩能量的调和让全家人受益匪浅

从高高在上的神坛上走下来吧，去倾听孩子、观察孩子、支持孩子，这样才能推动亲子共同成长。

2010年夏天，我催女儿去做大脑调和。我一直认为，她数学学得不好，可能是因为大脑内在结构不平衡。我有一个好朋友是做健脑操和触康健的，我想让女儿去做调和，让她学数学更轻松有效，女儿半推半就地跟我一起去了南京。

她一个人先跟老师沟通，沟通的结果是她要回家，她觉得自己没有这个需要。我又傻了眼，哄她、劝她，想让她留下来做点什么。老师也坐下来劝说，还要跟我单独谈谈。我意识到问题的严重性，就单独见老师。老师说，他在跟女儿的谈话中发现，她有很明确的自我认知能力，就是左右脑有不平衡之处，他教了她一些方法，她可以自己练习。不过他还发现一个问题，这是他从女儿对爸爸和妈妈的评价中发现的一些新线索。他说："女儿身上背着很重的爸爸妈妈的包袱，这让她没有办法轻松做自己。"

我急了，问："可以做些什么？作为妈妈我应该怎样做，才能让女儿可以把我这边的压力放下？"老师接受我的请求，愿意以我来做个案研究。

这一次的个案研究从跳舞开始。具体情境是：我在夏天的玄武湖边，看到了满池的荷花，我想去表达满池的荷花。

在这种情境下，我突然感觉自己不需要做树，也不需要做那棵柔弱的小草，既然是花就让它自己开放吧。当我设定了目标，开始跟随音乐表达时，我感受到极大的生命能量冲动，我不知疲倦地跟着节奏跳舞，从开始身体有些僵，到慢慢舒展，到慢慢开始自由舞动。一个多小时里，我不知疲倦地跳着、贪婪地跳着，好像8个月时躺在床上不会翻身的我想要挣脱那些包裹的束缚一样，开始舞动自己的手臂，开始舞动自己的双腿，开始自由自在地表达，我如醉如痴地沉迷在其中。我开始跟自己身体的每一部分连接，用自己身体的每一部分去表达，自由自在，完全放松地表达。

我发现原来自己体力如此好，竟然没有累的感觉。上午结束，我又在纸上表达自己的内心，我觉得一支笔无法表达自己的感受，便抓起赤橙黄绿青蓝紫七种颜色，在那张大号白纸上尽情地挥洒。

画完了，自己抽身出来看，竟然是七彩的向上旋转着的脉轮能量！

在这个过程中，我跟脉轮有了充分的联结。脉轮的能量自然地在我的体内流动，我又一次活了。

夏日的暴雨让玄武湖瞬间惊涛骇浪，雨水渗入房间里，我却很安然。我感受到生命的喜悦，活着的喜悦。多年来，我不断地自我探求，今天又做了一次特殊的整合。这是身体的觉醒，是内在能量的觉醒，是更高层面的活着，我开始感受身体舞动的快乐。

回到家里，我跟着音乐自由跳动，我开始信任自己的身体，自由自在地表达。我一直认为自己笨拙、不灵巧、不协调，现在我开始喜欢自己的身体，开始感受生命舞动的美妙。

我跟女儿分享我的特殊收获，她仍然带着得意的神情。我跟她说："谢谢你，给我一个成长的机会，让我对自己做了一个个案研究。"她听后脸上满是欣喜的笑容。

因为女儿，我一次又一次被推动着进入很多课程，做了很多不同的个案研究，我不知道母女连心的感应到底有多深，哪些是她的问题，哪些是我的问题。我也不知道是女儿用她的问题提醒我、推动我，让我去面对自己生命的问题，还是我自己想去参加。虽然说不清楚，可我还是跟着感觉，经历了生命蜕变的过程，被女儿推动着经历了生命绽放的过程，受益者是我，得益者是家里每个人。我的情绪越来越平静和放松，身体也越来越平衡、健康。这些也传递给了孩子和先生。我越来越多地跟身体联结，让自己瘦下来，恢复到原来的体形，我收获了更多的自信和喜悦。

不知不觉间，女儿超过了我，从高度和宽度两方面超过了我，她甚至开始学会欣赏我、肯定我。我也习惯了跟她讨论和炫耀我的东西。她内心充盈，从来不羡慕我买的衣服或首饰。

我问她："为什么会这样？"

她会肯定地说："反正这些将来都是我的。"她在买书、读书和情绪起伏跌宕中度过她的青春岁月。我不知道她是不是要到中年以后，才会像我一样开始享受小女孩儿的乐趣。那样也很好，现在她要用她的方式探索世界，那就让她去。人生总是这样，该学的课题，早晚都要学；该呈现的不同侧面，早晚都要呈现；该体验的东西，早晚都要体验。

当我的觉察力越来越明显、越来越精细的时候，我也越来越为自己负责，处理自己的问题，面对自己的人生。我会习惯性地对女儿说："我自己照顾自己，不需要你来照顾我，你的任务是做好你自己，这是你最重要的使命。"

我一次又一次地提醒她："爸爸妈妈不需要你来背负，爸爸妈妈有能力看到自己需要解决的问题，解决自己要解决的问题。这是爸爸妈妈自己的使命和责任，我们不需要互相背负。"在这个过程中，我们从共生到分隔独立，我开始觉察自己、面对自己，女儿也慢慢完成被我们推动的使命，将要开始她自己独特的旅程。这个像天使一样的女儿，就这样陪伴着我们，保护着我们，我们也做她的守护神，陪伴着她，保护着她。这就是我们和女儿的故事，我们被女儿推动着成长的故事。

坐在咨询室里，我常常接待由父母陪伴而来的孩子，或者由孩子陪伴而来的父母，看到一位又一位的天使，看到一个又一个因为孩子的推动变得快乐轻松的父母，我也在反思：到底是我们在教育孩子，还是孩子在拯救、陪伴我们?

回顾女儿17年的成长经历，我发现，孩子来到这个世界，带着丰富的资源和完整的心灵。父母如果不知轻重，可能会在那个完整的、美满的心灵上划上一道道伤痕。

孩子在独立成长之后，有机会接受心灵成长，就用他的方法消除那一道道伤痕带来的创伤。当他把那些创伤修复，把创伤能量释放，重新回到完整的、完美的自己，学到该学的课题时，也就到了他该离开这个世界或完成自己使命的时候了。孩子降临到某个家庭，选择谁做父母，一定有他自己的设计蓝图。他为自己选择了要经历的创伤类型和模式，然后再用自己的力量把这些创伤释放掉。

这样一个完整的过程，就是体验生命的过程，就是独特的成长过程。很多父母没办法改变自己的无知，克制自己的本能，这不是父母的错，更不是孩子的错，而是一份特定的因缘关系。一个能量大的孩子，会用他的方式推动父母走进心灵成长之路，让父母释放自己童年的创伤，让父母体会真实生命的尊贵。这样的孩子是来拯救父母的。

父母给孩子最大的帮助是让孩子做自己想做的事，给他空间和自由，让他体验他该体验的，做他可以做的，让孩子自发、自主地探索。

孩子也可以早一点完成解救父母的使命，学自己该学的，做自己该做的。这就是亲子之间微妙、特殊的关系。放下父母、孩子这样的角色区分，我看到了孩子和父母共同的特性，在学习中成长，在学习中体验生活的灵魂。为此，父母要多进行自我探索，珍视跟孩子相处的缘分，接受孩子给我们设计的成长课题。

感谢天使让我们有机会修复自己当年的创伤，教自己懂得生命的角色，做我们自己；也感谢我们自己这些有着更大翅膀的守护神，带着伤痕，带着伤痛，护佑着翅膀下那个小天使，给他更多的爱和保护。

感恩爱，让我们彼此相依；感恩爱，让我们彼此成长；感恩女儿，让我有如此大的突破和变化，让我每一天都离我本来的样子更近一点。

第七章

我向女儿学习什么

凡事必有至少三个解决方法。

There are at least three solutions to every situation.

每人都已经具备使自己成功快乐的资源。

Everyone already possesses all the resources needed.

冉安鑫 / 译 / 绘

孩子是父母的天使

女儿在皮尔森学院的面试中胜出，收到很多朋友的祝福，我也被要求介绍培养孩子的经验，但我想到的却是我向女儿学习了什么。这样说不是矫情，我这个妈妈正是在陪伴女儿的过程中，成长为“快乐亲子”训练导师和心理咨询师的，所以让我从环保说起吧。

1999年，女儿6岁，我们举家迁到苏州，在园区新城花园买了房子。那时，小区的四周是大片大片的绿地，海关的钟声空幽，空气清爽宜人。但短短几年，楼房此起彼伏地矗立，一块块绿地消失，大人们都欣喜于园区的快速发展。有一天，9岁的女儿建议我给市长写封信：“告诉他，绿地越来越少了！求求他别再盖房子了！”

她的哀求触动了我。我生长在内蒙古林区，很多林区的成年人跟我一样，对大自然的变化和恩赐很是麻木、迟钝。对林木变成取暖、做饭的柴火熟视无睹，认为采伐是天经地义的事，我从未觉得呼盟草原纯天然的赐予宝贵。我们离开时，林区因采伐变得匮乏，开始转向营林育林，我们选择异地而居，面对大自然被破坏，没有一点反思。

9岁的女儿如此热爱绿地，对环境变化如此敏感，她会把路上的废纸捡到垃圾桶里，对大人随地扔杂物、踏绿地的行为深恶痛绝。是什么让她有这么强的环保意识？是不是因为我们和我们的父辈漠视环保，让孩子感觉到了生存危机，她才将环保作为本能的自我保护？

我开始反思，开始向女儿学习：两面用打印纸，绕开绿地走路，呵护小动物……她参加环保社，拿回上任社长写的长信，我明白了孩子们做的是项事业，是对自己“服务生命”和保护地球身份的界定。她对“环保”与“收废品”的区分，她厚厚的工作记录，她充满热情而又默默无闻地做的每一件事，恰如她房间那幅自画漫画的旁白：“做社团是为自己所谓的明天，还是真心付出？是否一切都可买卖，付出是否一定要收获？我做，因为我愿意！”我没问过她这幅画的来由，但我读懂了她的心。我也学习着投入她的事业中：为孩子们采购开展各项活动需要的物资，一次次做义工，捐款捐物，感受孩子们种植、收获和分享的快乐，把爱传给更多的人。女儿乐在其中，与自然亲近，与绿色亲近，与同伴亲近，在被自然洗涤滋养的过程中，她完全打开成长。一本《舞花弄草初长成》记录了她和我共同的成长，我知道她充满了智慧。

小学三年级时，带她参加“小领袖训练夏令营”，我做助教，有机会观察她现场的状态。课程第二天，有一个团队游戏是盲人辨物，每个组有十几个孩子，他们蒙上眼睛，通过触觉寻找每个人手中塑料片的共同规律。女儿反应很快，两分钟就找到了答案，她立刻告诉同组被选作班长的大个子男生，女儿帮他找话筒，一句句教他说出发现的规律，那个男生带着自己的小组胜出，老师夸了他和其他几个同学，却没有提到她的名字。但她神态自如而平静。

课程结束后，我好奇地问她：“为什么自己找到规律不说，却教给班长，让班长去说？”她说：“他是班长，大家会听他的，我要帮我们组赢。”“那你做了幕后英雄，却没有得到表扬，你不难过吗？”“为什么难过？我知道自己会做就行了，为什么一定要让别人表扬呢？”她的话让我明白了她的状态：她内心充实和丰盈，不依赖外界的评价，她建立了真正的自信。

她成长中表现出的“淡定”和“低调”，让我看到了她独特的力量，也让我自愧不如，所以只有观察和学习的份儿了。给她空间，让她独自探索，帮她看到人生有很多选择，但每个选择都要承担责任和后果，在她需要时给她支持和帮助，是我唯一可做的事。

张昕校长说她是一个“纯净、大气、善良、真诚而又有智慧的孩子”。假如一定要问她此次面试胜出的原因，也许她的这些品质是最重要的因素吧。这些品质是孩子本来具备的素质，不是我们教的，我们要做的是保护和允许。感谢女儿，因为她是我的天使。

做心理咨询工作多年，接待了无数受困扰的孩子和家庭，但不管面对多么奇怪、令人头疼的案例，我都能从中发现孩子对父母的爱。他们用不被接受的困扰方式，把父母从麻木中唤醒，把父母带到咨询师面前，推动父母面对自己的人生问题，带动父母和整个家庭的改变。在咨询结束前，我常常与父母们共同感慨：“孩子因他的爱，表现出不被我们接受的行为，用牺牲自己逼我们面对痛苦，改变人生状态，他是我们的天使，我们要感谢孩子，要让自己成长。”

女儿也是我们的天使，她是来陪伴我们、帮我们成长的。她跟其他孩子一样，每个阶段都会出不同的难题考验我，推动我提升。2002年，“不想让女儿重复我的童年”的动力让我开始了NLP和快乐亲子导师学习，我一边做导师，一边学习做妈妈，在分享亲子理论和技巧时也在享受做妈妈的快乐。

不管是小升初前我们夫妻“共找资源”的反思，还是她偶尔说出的“到美国农场晒太阳”的梦想，或者是对她“最喜欢学数学”的有意暗示和强化，或者是她一次次受挫后的哭泣和发脾气……她的每一次困惑和迷茫，都让我看到自己需要成长的部分，提醒我先成长，先让自己平静，让自己充满爱。女儿在我的自我觉察和改变后一次次走过沟坎，越来越放松，越来越充满力量。

初中时，女儿引导我走近时尚和潮流，学看日本漫画、看话剧、听音乐会，读她推荐的书和电影。被她“不知你们是怎么活的”那句话刺激后，我开始认真考虑“生活的艺术”，我学习把工作和生活分开。每当她满脸陶醉地品尝美味佳肴时，我都会被感染；我喜欢与女儿散步、逛街，她的品位影响着我，提醒我放慢脚步细细品味和享受生活。她越来越高大，我常觉得在她面前自己像个小学生，“60后”的老妈遇到“90后”的女儿，实在有很多力不从心，但我乐在其中，越来越轻松，越来越开心，没有体验过的快乐童年似乎慢慢回来了。

这就是天使一样的孩子，陪伴我们、督促我们长大的孩子。最近，我在反思自己到底给了她什么，到底是我培养她还是她成就我？父母怎样才能更好地教育孩子？越来越多的感慨变成我的思考，成为我与学员们新的分享。

女儿许过一个愿：“我要一辈子做好事。”我们相约，不管未来如何，我们会用自己的方式好好服务于生命，把爱传下去，把智慧分享下去。

长途旅行中的泪水——加拿大留学趣事

女儿进入皮尔森学院读书已半年，因为网络信号和时差的缘故，我们主要通过电话交流，Skype视频只有几次。常有亲友问我："她想不想家啊？"我也问过她是否想家，她回答说："我在这里挺好的。"没有想象中的泪流满面，我们有些失落。还有一个同去的男孩子，据说也是难得跟父母说些什么，空留父母在国内猜想、揣测。父母们一边摇头，感叹孩子大了不由娘，一边暗自开心：这说明孩子们在那边挺开心、挺自在，太忙了，来不及想家、想我们，总比不适应、每天打电话诉衷肠好得多。

学校倡导全球化和文化交流（全校共160多个学生，来自90多个国家），所以学生们在校同吃住，每个房间住四个人，会有黑色、棕色、黄色和白色皮肤的同学，有充分的多民族、多种族、多文化的互动与交流。女儿在电话中总跟我分享她的收获和感受，不管是作为妈妈还是作为老师，我都很受启发，选其中二三事与您共享。

中国孩子的困惑和尴尬

2011年8月末出去后，女儿有半个月的时间处于困惑和尴尬的状态，初到这样一个五彩缤纷的校园，她遇到的最大挑战是：外国学生都长得差不多，名字、国籍都很长、很难记，她急于建立新的社交圈子，所以常常会有说错话、做错事的尴尬，比如触碰到某个同学的民族禁忌。此外，她感受到国外孩子的活泼大方，不管在哪里，只要听到音乐他们就会自由地跳舞，每个同学都会一两样乐器……校园某处随时有同学在纵情地跳舞、表演，女儿的感觉是“太疯狂了！太不可思议了”！

她虽然从初中就在园区校寄宿，生活完全能自理，但面对不同文化、不同背景的同学，着实紧张，她和另外两个中国学生在那种开放和自由中有些手足无措，既想融入，又不好意思。她一直坚持的“注重形象”“做人要低调”的处事原则在这里受到了挑战，“我们不想给中国人丢脸，可在这种自在的状态下，我们傻傻的、木木的，以往在正规场合中，都是做好充分准备才去表演的，可现在随时随地都是舞台，随时随地都在展现自己，我既羡慕他们，又觉得好像有根绳无形中捆着自己，不好意思在大庭广众之下扭动自己”。除此之外，女儿还感觉到了不同国家的学生对中国人的看法，有时她会骄傲，有时会觉得气愤，有时又会暗自庆幸。走出国门之后，她开始体会“祖国”和“中国人”的含义。

长途旅行中的泪水

学校与当地居民有个延续十多年的传统，每年10月，会有一个徒步环岛（学校在维多利亚岛上）60公里的活动。女儿决定参加这次活动，这是她再三思考之后的决定，她想体验其中的感受，当知道自己是唯一一个参加这次活动的亚洲孩子时，她劲头更足了！活动前一天早晨5点多钟，他们在出发点露营。活动开始后，一路上会有医疗车和救护队，有六七十岁的当地居民，也有擅长步行的同学，最快的同学几个小时就到了终点，对从来没有这么远的步行经历的女儿来说，这实在是一个难得的体验过程。走到53公里时，她实在走不动了，恶心欲吐，救护队建议她上车，但她抱着“我一定要走到底”的决心，不放弃，坚持步行。她想了很多办法分散自己的注意力，看花草或数云朵，但都无效。情急之下，她想“那我想妈妈吧”，这个念头果然奏效，她一边走，一边想妈妈，一边念着“妈妈我想你”，然后就哭了起来，越哭越大声，越哭越难过，她边哭边走，在想妈妈的哭声中走完了剩下的路程。“奇怪，哭完了好像心情和身体就好了！开始轻松起来了！”女儿说。傍晚6点多，她以倒数第三个的名次走完了全程，用了13个小时，完成了她为自己设计的一次旅行。她非常兴奋，逢人就讲自己发现的“招数”，当你遇到困难坚持不下去时，只要想妈妈，只要哭一场，就会放松，就会坚持下来。听女儿兴奋地分享，我的泪水止不住地流下来，我为女儿骄傲，也为自己能在关键时刻帮到女儿而欣慰。

开眼界的会议和性别DAY

在元旦过后的通话中，女儿讲述了她刚刚参加的一个学校会议，为七年之后学校的改扩建征集方案。参加会议的老师和同学都是看到学校公告后主动来的，会议的形式让女儿觉得大开眼界。全体与会人员对学校的平面图自由发表见解，提出自己希望的维修方案：为什么，我希望怎么样。每个维修点有了不同的方案，分成不同的小组再讨论，慢慢地，更有创意的方案就形成了。方案确定后，大家再去考虑资金问题，做可行性计划……校园维修扩建规划方案逐渐成形，从最初的天马行空到越来越现实，越来越有可操作性，所有成员都是参与者，都是倾听者，都是整合者，这里没有否定，没有评判，只有被激发的梦想与现实的完美结合。让热爱学校的人参与制定校园维修计划，学生与老师、校长平等地讨论和交流，这是多么浪漫而又了不起的事啊！校长如此信任所有人，既轻松地获得了孩子们的创意和智慧，又培养了师生的责任感。七年后、十七年后，当孩子们再回校园时，看到自己参与设计的方案已成现实，她与学校该是怎样的连接和爱呢？

春节后女儿打来电话，焦急地说："我要说的东西多，你要用笔记呢！"那一天全校不上课，是学校的"性别DAY"。男女生和所有老师分为两个空间，由学校"咨询小组成员"带领，进行一天的活动。女儿向我详细描述了一天的活动安排，包括女生如何看自己的性别，女人在自己的文化中占什么地位，做女人的自豪、压力，以及想不想要孩子的问题等，都以小组的方式进行讨论。女儿向我详述了非洲国家、柬埔寨、马尔代夫（伊斯兰教）等不同文化下学生、老师们的分享，"原来不同国家的女人的身份和地位如此不同"，然后还有对受过性侵犯、性歧视女生的辅导。"大家都觉得很安全，都很真诚地表达，大厅里哭声一片，突然发现平时很阳光、很漂亮的同学，原来有这么多内在的伤痛！我们忽然互相理解了，感受到了支持的爱！"还有如何与男生交往的板块，所有男生与所有女生在一个大厅里会面，彼此都设计了有创意的欢迎仪式。

"一天下来，很累，但是很开心，不知道男生那边是不是有这么多收获，我觉得女生的收获很大，哭过之后，每个人都变得漂亮了，真实了很多！”女儿兴奋地讲着，我感动得流泪了：这就是我们一直思考的性教育啊！这就是我们一直努力做的性辅导啊！一天的时间，几个咨询团体的学生，带着所有孩子完成了一次如此丰富而深入的性别辅导，有性别意识、性别认同、性别文化和历史，有成长中的性创伤释放，有与异性交往的辅导和帮助，还有未来性别生命规划……在这个过程中，女儿建立了更宽广、更立体的“女性”概念，好像是17年成长经历的一次洗礼。

女儿总结她的学习收获：“于我来说，最开心的是与不同国家的学生交流熟识后，我们已经开始更深地互相了解，听以色列人和巴勒斯坦人讲述他们国家的故事，吃饭时讨论原来的生活习俗……接近后才发现，大家都是一群年轻、充满希望的孩子，这里开放的环境使我们放松，以储备更大的能量去改造世界。”

自学油画

女儿选课时煞费苦心。她先上网查往届学生的选课经验，然后去学校网站上查找课程信息，要考虑上课的时间、内容、讲课老师资历、学习难度，还要照顾自己的兴趣、区分课程题目与实际内容是否一致，在几十门课中选出七门课实在不是一件容易事。

女儿在平衡自己的诸个需求之后，选了艺术课——画画课，以为这是一门轻松随意的课，可以稍微缓解一下全英文学习的压力。没想到的是，第一次上课，老师就要求同学们画油画。油画？以前没学过，连素描等基本功也没有。

“谁说油画要有素描基本功的？没学过，现在学就好了，自学嘛，找几本书看一下！”老师的几句话平息了学生们的喧嚣，学生们开始了肆意而自在的油画创作！

这个老师把油画创作这么庄严的事变成孩子们快乐自学的过程。一节课下来，每个学生都有处女作问世，老师当然都给了各不相同的好评，每个学生都觉得自己是天生的艺术家，且离油画大家越来越近。他们充分享受自学、自创、自得其乐的学习过程。

女儿更有动力去图书馆借书了，借书后，她按书上的步骤一点点地学习油画。她从小就喜欢画画，长大开始画漫画，只学过几次素描，就被枯燥的训练方式吓了回来，发誓再也不学素描了。画画本来是好玩的事，被素描弄得这么不好玩，还不如继续保留画画的快乐，才不管什么素描基本功呢！

女儿的自学竟一发不可收。她画的第一幅1开纸大的油画是爸爸的肖像，传神的色彩和线条把爸爸的神情、特征表现得淋漓尽致。然后她又开始画佛陀头像、圣女像……作品渐丰，又总能得到老师的高度好评，所以她的兴趣就越来越浓。只要一有空，她就跑到画室去，琢磨不同原料和色彩的创作感觉；只要到市里，她就去画具店买画笔和颜料，“每次看到那么丰富的颜料，琳琅满目，我都要跪了”！

有一次去维多利亚市参加英语考试，要在那里住两个晚上，她后悔自己没有带睡袋来，那样的话她就可以住在外面了。“因为一晚的住宿费可以买三套画笔呢！”她在电话里这样告诉我，吓得我们再三强调不可以做这种尝试，安全更重要。最后她还是在机场住了一晚，用省下来的住宿费买了自己最喜欢的画笔，当然，这是她事后告诉我们的。

绘画成了女儿最擅长的自我表现方式，在所选的七门课中，艺术课总是能轻松地拿到7分的满分。除此之外，她还是学校的摄影记者，用一架相机留住学校各项活动的精彩瞬间。举办活动要出海报，同学们也习惯请她帮忙，她也义不容辞。

学生剧团有新戏排练，需要设计和绘制舞台背景，团长请她帮忙，她一口答应，“因为这样可以近距离地看同学们彩排的过程，会很过瘾”。她用了一个月的周末休息时间，一个人躲在舞台后面，完成了两扇门板大小的背景创作，每天都是从早忙到晚。“没有人知道我在这里，没有人给我加油鼓励，只有我自己一笔笔地画，偶尔瞟一眼他们的排练，这感觉很独特、很深刻！”女儿这样分享她的创作感受，我猜她已充分体验到艺术创作既孤独又自在的心路历程。

给老师的车涂鸦

真正拉风的是她为老师的车子涂鸦的全过程！

她的海洋生物课老师在学校住，有一辆有些破旧的中巴车，停在学校的排球场里。女儿与这位老师关系很好，也会去他家玩。暑假前，她突发奇想：“老师，我帮你把车子涂成海洋世界好不好？”老师立刻接受了这个建议。

放假回国，女儿在网上买了很多书和涂鸦用具，包括防毒面具、喷枪、颜料等，她戴着厚厚的防毒面具，在近40℃高温的阳台上熟悉涂鸦的工具，汗流浃背，一弄就是一上午。开学前，她说那车的设计已完成，开学之后就可以开工了。

开学后，她开始实施自己的计划：每天下午上完课后，她才有时间做这件事。她把自己的计划告诉了一个女生，那个女生很好奇，陪着她来到在风雨中显得脏乱的车前，先用水擦一遍，不行，再用粗砂纸磨一遍，然后用细砂纸再打磨一遍，去掉车表面的尘垢，以保证所涂油漆能牢牢地粘住。那个同学帮她完成初步的清洁工作后天已经黑了，她们打着手电，借助头灯上微弱的光，给车子做了彻底的保洁才肯收工。

从第二天开始，每到下课时间，她就拎着一大堆行头，来到少有人经过的排球场，开始为这辆车做美化工作：先按草稿做好构图，有效利用车窗、车门，把它们巧妙地设计成海洋生物或者海洋潜艇的一部分，然后她就开始一层层地涂色，喷枪不如画笔那么好用，尤其是要在凹凸不平的车上完成作品，难度可想而知。

时间过得非常快，一眨眼天就暗下来，球场没有灯光，唯一可以借助的就是手电和微弱的头灯之光。涂鸦时只能站着或跪着，连续一个星期，她每天都晚上10点多才收工，一口气站五六个小时，腿都僵了，她拖着僵硬的双腿回宿舍睡觉，一躺下就睡着了。一个星期里，她一个人孤独地守在车边创作，没有人知道她在这里，没有人围观喝彩，当然也没有一个人陪她度过秋天的黑夜。同学们有的在看书，有的在聊天，有的在玩耍，只有她守在这辆车前，把内心的构想慢慢表现出来，体验一个人创作的快乐和孤独。

一星期后周末的上午，她在做最后的美化时，有老师来到这里，老师用他们典型的夸张和赞叹给了女儿极大的肯定："噢！天哪！这难道是你做的吗？这个奇迹是你创造的吗？”他们围着车子转了一圈又一圈，发自内心地赞叹不已！女儿说她当时其实有点不好意思，因为前一周那里太寂静、太孤独了，没有一个人给她一点肯定和支持，现在突然来了这么强烈的反应，真有点不适应。但是，她心里却乐开了花，自己的作品和付出终于得到了肯定。

之后的两天，球场变成了热闹的地方，一拨又一拨的老师和同学来这里欣赏奇迹，海洋生物老师夫妻俩则更加得意，没想到随口一句话，就让这辆车变得如此时尚、漂亮，成了校园里一道美丽的风景。老师后来说，他每次开车出去，都会赢得很高的回头率。

半年之后，老师开着这辆车，带着海洋生物小组的同学到与美国相邻的海边去捞同本地震的漂浮物，女儿说坐在车里的感觉实在是美极了！

女儿给我讲这个过程时，我感叹：“你已提前体验了艺术创作的独特过程，孤独而又自在！一个艺术家只有经受得住独立创作的孤独，才能真正有机会表达属于自己的创作灵感，一个艺术工作者只有享受创作的快乐，才能不随大众，不受暂时的得失影响，所以，如果你决定要做一个尊重自己内心的创作者，就要经受得起如现在一样的寂寞哟！”

女儿听我这样说，沉静了半天，电话里传来幽幽的声音：“我太爱那辆海洋生物车了！把心里的构思变成现实，甚至比想象的更美，这过程很难忘，很嗨！”

选专业的纠结

2012年4月，进入选择大学及确定专业的准备期了，女儿又陷入了纠结。她的农场主之梦一直影响着她，她在国内高中时就想读农学专业，但到了加拿大之后，她看到了更多的可能性和诱惑。此外，如果学农学，她需要多修理科学分，但她的所有兴趣都在文科上。同学和老师听说她要学农学专业，选理科，都非常惊讶："为什么？为什么不是学艺术呢？"

她脱口而出："我才不学艺术，学艺术在中国学校是没出息的表现，学艺术在中国找不到工作！"

她说完这些，同学们更好奇了："为什么学艺术会没出息，为什么你需要找工作呢？"这些来自不同国家的学生，没办法理解很多中国学生的潜心理：在高中，一等学生最牛，做理科学霸，二等学生学文科，三等学生才学艺术，靠艺术加分凑高考分数。女儿虽然只在国内读了两年高中，可这"潜规则"已深入脑髓。被同学质问后，她没有充分的理由回答同学，倒是被一个俄罗斯女生和一个日本同学抓住教育了一番。那两个同学告诉她：从多元智能理论来看，不同的人，优势智能是不同的，但逻辑优势与艺术优势、语言优势等是平等的，无好坏先后之分。从人类发展历史来看，虽然科学家一直在改变生活，但穿越历史可以保留下来影响人们精神世界的，往往只有艺术创作，比如音乐、绘画、雕塑等，艺术对人类的影响跨越了时间和空间，更宝贵。

她们反问她："你为什么一定要找工作？你为什么不可以做一个不需要找工作的人呢？在我们这么多同学中，假如你不适合学艺术，我们还有谁适合呢？”

女儿对此大为震撼，她突然发现，自己骨子里竟然有那么沉重的生存教育烙印！她被迫站在更宽广的空间思考自己未来的人生定位问题。

她有了一些主意后，打电话给我。春末的大太阳下，我正开车过竹辉桥。一听如此严峻的问题，我立刻把车子停在路边，开始与女儿交流和长谈。

女儿问我：“妈妈，我想学艺术，但要是将来不好找工作怎么办呢？”她把同学劝她的那些话转述给我，我听出她内心的渴望和对未来生存的恐惧。

我很激动，含着眼泪一字一句地告诉她：“你听好！这句话，在你小学四年级的时候，我曾读给你听，但你忘了。现在我郑重地告诉你，再一次告诉你——假如你学习自己最喜欢、最擅长，还可以为他人服务的专业，还不能找到工作，不能养活自己的话，放心，爸爸妈妈养你！

“你在那里读书这一年多，我听你分享最多、最快乐的，就是你画画、画车、画布景等的过程，你这么喜欢画画，这么会画画，你画画帮助和影响了那么多人，怎么会找不到工作呢？你只要愿意，随便动动手画点什么，就是一件艺术品，就可以为自己换饭吃哦！妈妈和爸爸之所以到现在都非常开心地工作，就是因为我们在做自己喜欢做、擅长做又可以为他人服务的事哦，你知道爸爸妈妈的工作的意义和快乐。既然我们都可以做到，你当然也可以做到了！除了学自己喜欢的专业，还有什么会让自己更轻松、更快乐呢？一个人工作不只是为了维持生存，更不只是为了有口饭吃，人生最宝贵的年华就是工作的时段，在这一时段，如何让自己快乐地工作、有意义地工作？答案一定是做自己喜欢的、擅长的事，这样你才会越做越爱，越爱越做，做得越多做得越好，做得越好就越专业，最终不可替代，当你成为行业翘楚时，当你用自己爱的专业为他人服务时，这世界怎么会不祝福你，怎么会不让你生存下去呢？

“假如你毕业后真找不到饭吃，放心，爸妈绝对养得起你！我们就你一个宝贝，供你吃喝绝对没问题！”

女儿听我一口气讲了这么多，她也很激动，连连说：“好的，好的，妈妈，我真的想学艺术！”

这是她第一次如此坚定地告诉我她的心愿，我的泪水流了下来。女儿真的很幸运，触碰到自己内心最深的渴望，在这么年轻、这么关键的时候，她不该有生存顾虑，不用追赶现实潮流，跟随自己内心的渴望和呼唤选择专业，这是多么值得庆贺的事啊！

回顾我自己的成长历史和职业生涯，我一直庆幸自己听从了内心的声音：从做自己喜欢、擅长的老师慢慢地走到心理咨询师、亲子导师的路上来，现在又成为导师的训练师和咨询师的督导，看似一直在变化，但我对教育的渴望一直没变。我亲身体验了做自己喜欢、擅长的工作的痛及快乐，发自内心的动力是名利无法取代的，成就感和价值感也是名利无法替代的。

在女儿上小学四年级时，我读了美国心灵导师狄巴克·乔布拉的一本书，书中阐述了他对自己三个孩子的唯一期望：“你们不需要考最好的学校、得最好的成绩，你们只需要做自己喜欢做、擅长做又可以为他人服务的事！假如你们做了自己喜欢做、擅长做又为他人服务的事，还不能养活自己的话，放心，爸爸养你们！”

这个了不起的爸爸越是这样说，孩子的成绩就越好，他们考进最好的学校，并且早早就自己赚钱交学费，从不让爸爸操心，为什么会这样呢？因为爸爸享受着做喜欢做、擅长做又可以为他人服务的事的快乐，他知道这会成为孩子幸福人生的基础。

当年我曾郑重其事地读给女儿听，可她那时没需要，没听进去，今天在她最需要的时候，重新分享给她，在关键的时刻，帮她坚定地选择。我以这样的方式帮到女儿，真是无比开心，也无比幸福。

我一直把自己的体验分享给学员，不断地在课程中呼吁：一定要去寻找自己的生命工作，一定要在自己的生命工作中实现人生的意义和价值！

在给家长讲课的现场，我常常抛出这个问题：假如你的孩子学了喜欢、擅长、可以为他人服务的事却不能养活自己，你会怎么对孩子说？我常问爸爸们，但听到的总是“那我就不管你了”“你要想想为什么”“你还要不断努力”这些苍白无力的话。我让现场学员说出听到这些话的感觉，除了无奈、责怪、催促，很少有人感到有支持、有力量。在孩子最需要父母帮助的时候，为什么很多爸爸们给不到孩子力量和支持呢？因为大部分父母都处在被迫工作、养家糊口的职业状态中。他们没有体验过做生命工作的快乐，当然给不了孩子力量和支持！

第八章

读大学，逛纽约

在任何一个系统里，最灵活的部分便是最能影响大局的部分。

In any system, the most flexible person has the control.

冉安鑫 / 译 / 绘

选纯艺，因为爱

女儿所在的普瑞特艺术学院就业前景最好的专业是建筑艺术专业。选择专业时，我问她抛却未来就业等因素，最渴望学什么专业？她说："学纯艺！""那就学纯艺。"我果断地帮她做决定。她小声说："最没就业前景的就是纯艺专业。这个系被人戏称为最烧钱、最会自我陶醉、涉猎专业最广、只会画画、以培养艺术家为宗旨的系，可哪个单位会招艺术家呢？再说刚毕业的大学生也成不了艺术家，艺术家需要生活的磨炼和沉淀哦。"

我听懂了她的担心和犹豫。是的，在这个只重饭碗、更重视多媒体平面设计的快餐商业时代，用传统的方式画一幅不知能否卖得出去的画，实在有些不靠谱，有些过于理想化！

但我感受得到女儿内心深处的渴望——当个艺术家。听起来有些不现实，甚至有些离谱，但这是一个年轻生命真实的渴望，我们有什么理由阻止它呢？

我又一次声情并茂地跟女儿宣讲我的生命工作理论。我告诉她："一个人一生最幸福的是知道自己喜欢做什么，并且有机会做！你还年轻，有足够的时间和未来慢慢沉淀，在宝贵的四年大学生活里，你不需要只为生存而选专业，更不需要功利地把自己定位和局限在某个专业中，你要跟随自己的内心，听从潜意识的带领，选择你热爱的事。这四年只是打基础的阶段，没有必要着急聚焦，你要像个快乐的农夫，只问耕耘不问收获就好了！放心，爸爸妈妈支持你！你有资格好好享受人生中唯一的一次大学生活！”

女儿选择了纯艺——画画。我用了近一年的时间让她放下对未来生存的担心和焦虑。我自己就是直接而鲜明的例子。我快乐地做自己喜欢的工作，女儿看得见，也感觉得到，我的引导有说服力。世界足够富足和丰盛，给每个生命提供了足够的生存资源，不需要与任何人竞争，把自己活得足够充分就够了。把每个人独特价值充分而快乐地表现出来，是每个生命存在的任务，让每个生命活下去是老天爷的事，不需要自己操心。

我知道，读者朋友会说我不现实，会举一大堆例子说明现实生存之艰难。但我想让读者看到实实在在的现实案例，我辅导、培训过的很多人，都是生活得放松、自在的人，这又该怎样看呢？你看到的现实是你内心恐惧的表现，活在被迫为生存而选专业、就业的恐惧中，当然只能看到残酷的竞争。我想问有此类评价的朋友：“你我活在同一个时空，为什么你与我看到的现实截然不同？到底谁看到的才是真正的现实呢？”

当然，女儿最后走出焦虑靠的还是她自己。她说有一天突然想明白了，与其为没有发生的事情焦虑，不如好好珍惜现在拥有的一切。她说每当看到同宿舍的同学，她就既庆幸，又焦虑——庆幸自己可以轻松快乐地学习，同时又怀疑自己是不是不务正业？

从大一开始，她换了几次宿舍，宿舍的其他同学都是学建筑艺术的，她们总是凌晨两三点才回宿舍睡觉，有时干脆就睡在工作室。“因为这个专业竞争太激烈了！”有一个同学曾在另外一所学校学建筑，因为压力大，大三时休学了，现在又转到这所学校从一年级开始学，还是同样累！“关键是她们都不开心，她们都不喜欢自己的专业，她们都在为未来的就业提前拼命！太不值了。”压力太大了，她们就利用周末或假期出去通宵狂欢减压，或者一个人躲在洗手间里号啕大哭。“每次听到她们在洗手间里哭，我就内心很痛！等她们洗脸化妆出来，又好像什么都没发生一样，我都不知道该说什么。”这些孩子虽然种族背景各不相同，但辛苦却是相同的。

女儿的生活则是这样的：“我每天都过得很开心，我太喜欢画画了！我画得总是很投入，有时一站就是六七个小时，腿都站僵了。我画得总是很快，老师和同学总是围在我的画前点评称叹。我总是一时灵感兴起，主动超额完成作业，别人画一张，我画四张；别人画简单的，我则画更复杂的背景或线条，老师总是说我太不可思议，好像在自讨苦吃，专门选费时费力的图案折磨自己，他们不知道，我做这些事时有多开心！我觉得能这样专心地画画，太幸福了！对我来说，画画就是玩，玩就是画画！我根本不需要狂欢减压，我每天都在玩，根本没有压力！唯一的压力就是怎么把专业老师的要求与我的喜好结合得更好，既有提升，又不丧失自己的风格和特色。”她画画基本不用模特，要表达的形象都在她的脑海中和画笔里，她就如此任性地用画笔表达丰富而独特的内心世界。

她自得其乐地沉浸在艺术课的幸福中。三年来，做过2D、3D，学过印刷，体验过用压路机完成门板大小的印刷作业的潇洒；做过金属首饰，用焊枪、砂纸完成过全铜披肩的宏大工程；她最喜欢的是木工，用一个大机器破木方，体验刨花如雪般落下的香味和神奇……每当她欣喜地分享学到新技术的快乐时，我都能感受到她的自由与快乐。还有什么比快乐的学习更有意义呢？她也圆了我尽情玩耍和自由表达的梦。

对舍友的付出与分享

因为学校处在纽约布鲁克林区，校园外黑人较多，出于安全和方便考虑，我们希望她一直住在学校宿舍，她也喜欢住得离工作室近一些，这样可以随时去创作。为了省住宿费，她选择与多人同住，她比较随缘，并不选择舍友，几乎每个学期都会搬宿舍，遇到过不同国家、不同年级、不同专业的舍友。

她初中就开始住校，与不同背景和肤色的舍友相处，她早有经验。她喜欢做饭，经常待在厨房里，把厨房、冰箱擦洗得非常干净，每次吃过饭，她会立刻把餐具洗净。如果其他同学下厨弄脏了厨房，她也会默默地收拾干净。她会买很多卫生纸，只要纸筒空了，她就换上。她每天扫地、擦地，把自己生活的空间收拾得干净舒适。

她干得习惯了，其他同学也习惯地忘记了自己的责任。她们会把汤洒在冰箱里扬长而去，或者用脚把自己掉落的长发踢到门外。我问女儿：“这时你会怎么做？”她说：“不管她们怎么做，我都会开心地做我能做的。保证生活环境干净舒服是我的责任。但我不会一直代替她们做她们该做的！她们不买卫生纸，理所当然地到我这里来拿时，她们的碗筷泡在水里两天不动时，我会平静地走到她们面前，告诉她们：‘你该自己买手纸了！你的碗不洗，影响到我用水池了！’可能因为我的态度比较坚定又有力量吧，每次我说完，她们总是乖乖地做了，我试过排值日表，但基本没用，她们照样重复她们习惯的生活模式，我就用这种方式教她们做自己该做的事。我们的关系照样很好，我做好吃的，会请她们一起享用，她们也会请我去吃家乡菜，土耳其的室友上次请我吃了顿正宗的大餐呢！”

我问她：“当你义正词严地发布指令时，你有没有觉得自己这个中国人面对外国舍友时还挺牛的？”她说：“没什么，我做到了，只是要求她们做该做的事，大家心里都有数。”她总是这样镇定，这让我想起她大一时讲过的一个中国女生。那个女孩跟三个外国学生住一个房间，那三个人对她很不客气，总是把一大堆碗碟扔在水池里让她洗，或者把一个弄脏了的微波炉扔给她，她得先把微波炉擦干净才能热自己的饭。那女孩开始一直忍，忍不了就开始躲，后来只能选择自己住单间，这样就不需要面对那些傲慢的外国学生了。这是比较普遍的中国留学生的生活方式：反正也不差钱，一个人住单间或者出去租房子，就可以不受气了。

女儿前段时间偶遇一个北方女孩，她也是第一次出国，一个人住在狭窄无窗、没有厨房的单间里，水龙头出水困难，洗澡都难，住宿费比女儿高得多，她一个人在这个憋屈的房间里住了三年。女儿问她为什么一直住在这里，她说："这样省事，不用跟别人在一起受气。"女儿问她为什么不搬到一个带厨房的更好的房子里去，她说："那样更贵哦！再说带厨房也不会做饭，多浪费呀！"女儿告诉她只要坐地铁到唐人街，就可以买到任何想买的食材，可以做任何想吃的中国菜。那个女孩瞪大眼睛望着女儿，好像不相信，因为她住在必须在学校餐厅里吃饭的新生楼里，已经吃了三年难以下咽的美国饭了。第一次见面，女孩就不停地诉说留学之苦，吃得不好，住得不好，没有什么好。

女儿问："那你为什么来留学呢？"她说："为了逃离我妈妈的控制！我从初三毕业时就感觉要被妈妈管死了，每天一起床先要听她骂两个小时，死的心都有。后来想还是出国吧，出国就可以逃离她的折磨！等我出来才发现，出国真的是最糟糕的选择和决定，美国真的是地狱，我待够了，受够了！"

女儿问："那你现在学双学位，这么累，为什么？"她说："是为了以后不再读书！我早就读够了！"

女儿问："毕业之后怎么打算？"她说："本科毕业就考研，然后再读博，读完了就回国。""为什么？你这么恨美国，还要再待几年？"女儿差不多惊叫着问她。她则平静地说："我就是为了把该出的国出完，以后再也不出国！"

这个答案惊到了女儿，她不明白怎么会有这样的留学生，现在拼命读书是为了以后不读书，在外留学是为了以后不留学。这里面好像都是抱怨、愤怒，没有喜悦、享受，只有报复和逃离。

女儿听她诉说了两个小时，“她好像把几年积下来的话都说出来了，她并不看我，盯着另一个地方不停地说，我坐在她旁边，只是静静地听”。后来，女儿请她到自己宿舍吃饭，那个女孩一口气把一大盘麻婆豆腐吃了个精光，连说好吃好吃！女儿又带她去了唐人街，当她看到琳琅满目的中国商品时，她的眼睛立刻放光！三年了，她每天待在书堆里，不知道有这么中国化的地方。

女儿说这件事时非常感慨，如此时尚现代的纽约竟然成了她心目中的地狱，太可惜了！为什么要花这么多钱到消费最高的纽约来读书呢？假如你没有感受到纽约的美，为什么还要继续待在这里？这不是自虐吗？

我解释说这是没做好出国准备的表现。他们抱着逃离的目的出国，却没想到自己要面对和处理太多的问题：适应问题、融合问题、感受和吸收当地文化问题……很多孩子贸然出国，不能有效处理生活和学习问题，或者封闭自己，以读书为寄托；或者只与中国学生待在一起，彼此取暖，缓解压力；或者成为疯狂的购物族，很难融入多元文化，留学只是换个活着的地方而已。

三年来，女儿一直充分地享受纽约的文化资源。她经常报告课余时间去哪家艺术馆、博物馆了，去哪个剧院看戏了，她说：“徜徉在夕阳下的街头，往往会有梦幻感：就是这个地方，也许哪位艺术家曾经坐过；就是这个地方，我最崇拜的作家木心在这里生活过……”时光交错，她经常发现教科书中的某件艺术品蓦然矗立于眼前，伸手即触，是跨越千百年历史的真实，这感觉太奇妙了！所以，她一直庆幸自己能到普瑞特艺术学院读书，让自己处在世界文化和艺术的中心，贪婪地吸收所有的营养，只为她内心深处的艺术家梦。

她对生活充满感恩，也无比珍惜每天的生活。她曾经计算过，在学校里每分钟要花掉多少钱。一开始她说有负罪感和压力，后来想明白了：如何以充分的成长和吸收，让自己每分钟可以赚回更多的价值，对得起也许很难有机会再享用的学习环境和机会！她把仅有的业余时间都用来泡博物馆，把买衣服、去餐厅的钱拿来买戏剧票，把身上仅有的零花钱送给乞讨的人。她把买一件衣服的钱换成硬币，送给几十个乞讨者，她被这件让内心充满喜乐的事感动了。

当然，她最大的嗜好是吃。吃东西、做饭是她安慰自己、缓解压力的一种方式。她对唐人街上的每家店都如数家珍，买回食材，做想吃的中国菜。她只被迫在学校餐厅吃了半年饭，然后就自己烧一日三餐了。这既满足了她的嘴瘾，也让她的生活多了很多乐趣，偶尔邀请中国同学吃一顿，聊解她们的相思之愁。她偶尔晒出的食物照片，让在国内的我垂涎欲滴，网络上教做饭的软件是她学做菜的指南，她这样陶醉其中也是难得了。

这就是女儿，一个准备充分到繁华纽约感受艺术之美的求学者。既清贫又富足，既潇洒又节约，她借助网络，用自己的双腿丈量了纽约的土地，寻访了纽约的大街小巷，如一条自在的鱼儿，享受着都市独特的文明和精神营养。

欧洲穷游和冰岛之旅

大一暑假，她策划了为期半个月的欧洲游，目的是带着我们夫妻俩到欧洲见见世面。

我们分别从美国、中国飞往德国弗赖堡的妹妹家集合，然后开始跟随她欧洲游。所有行程都是在她搜索大量信息之后决定的，她早就习惯了穷游，让我们两个中年人也成了背包客，每天背着大大的包出门，把公交车、地铁、大巴、火车、飞机坐个遍，同时也体验了标准的三星级酒店、私人客栈、普通宾馆。长途大巴可以省住宿钱，又可到达目的地，所以她安排了两次长途大巴行程。她没敢安排青年旅馆，怕我们受不了，说这是对我们的优待了。她自己出门从来只住青年旅馆。她按照自己的心愿，帮我们安排了一次最节约、最具体验性、最刺激的欧洲游。

从德国西部到东部，再到意大利罗马，然后到美丽的奥地利，我们一路走，一路寻访历史和文化的踪迹，看博物馆、艺术馆，听女儿一次次惊叹又发现了教科书中的作品真迹。她同时兼任艺术讲解和导游，为我们两个“艺术小白”扫盲。我们把年轻时看的《艺术鉴赏》和《辽宁青年》杂志封底的记忆都翻了出来，感受到遍布于教堂、博物馆的艺术品不衰的魅力。

女儿有健壮的双腿，从世界联合书院开始练就的行走功让我们惊叹，她总是抢着把最重的包背在肩上，一路拿着iPad导航，我们两个跟在后面亦步亦趋，被她精心地照顾着。

她还帮我们安排了非常丰富的吃食。到哪个地区该吃什么特色食品，她早就规划好了。为了吃最正宗的冰激凌，我们绕了几个大弯；为了吃正宗的土耳其烤肉，我们不惜排队等候。

住在私家客栈非常舒服，有丰富的早餐，还可以感受当地的风土人情。更重要的是，用生硬的英语可以跟老板聊得非常开心。

女儿看我们两个，像对待两个小孩子，关心我们累不累，要不要休息。当然，她最希望的是她的安排合我们的胃口，不让我们失望。好在我们没有任何购物的计划，商场不在我们的设想之内，我们就老老实实地做文艺青年的跟随者，补充艺术营养。我们也决定，再也不参加这样的自助游了，实在考验老人家的体力和耐力。

待我们转回弗赖堡时，妹夫听我们介绍行程后赞叹不已，称我们走了一条风景最美、最有特色的欧洲游路线。我们更加崇拜女儿，自己虽未老，也未盲，却只能跟着女儿看世界了。

第二年暑假，女儿又一次去了欧洲，这次是她自己去的，她在自己喜欢的几个德国城市逗留，然后又转道捷克，会一个世界联合书院的校友，最后飞冰岛。她在网上联系了一家农场，去那里做义工，可以换取在对方家吃住的机会。

她的农场主梦又一次提前实现了。她一个人飞到冰岛那个遥远冷清的地方，来到养了很多羊、马的农场主家里，听从主人的安排，每天清扫圈里的粪便、送草料，看主人如何接生小羊，看主人一家勤奋地从早工作到晚。他们沉默少语，没有找工人帮忙，夫妻两人带着两个长大的孩子，从喂草、清洗、收奶到照顾幼小的牲畜，他们用电脑程序管理分别养在不同圈里的牲畜，餐桌上放着一台监视器，方便看到每个圈棚里的情况。

女儿说："实在是让人大开眼界，在这么偏僻的地方，一个农场竟有这么现代化的管理手段，主人们又如此乐在其中地生活在这个辽阔的极地草原上。"一个镇子一共也没有几户人家，走在路上难得见到人，每个人的名字都写在警察局里。这里犯罪率极低，因为外来人口太少，本地人太了解彼此了。奶制品是这里的特色食品，她尽情地享受了当地的酸奶——吃过的最美味的酸奶！

她睡觉的房间外面，经常有小羊来拜访，它们敲打玻璃，好奇地向房间里偷偷张望，希望叫醒睡懒觉的主人。

女儿在这家农场里待了一个星期，听男主人介绍他们的发展史，看男主人每天在网络上与外界联络，感受着这些高大魁梧的、在极地气候中生存下来的人的憨厚善良。女儿也近距离地与极地家畜接触，穿着大的橡胶连体裤为牲畜们服务，每天忙得不亦乐乎，吃饭时也格外有胃口。

这是深层的体验生活，当她离开主人家到冰岛首都去感受露天温泉时，她说："感觉到了自由自在的畅快和幸福！"

用换工的方式到某个地方小住几天，了解当地的风土人情，是很多外国留学生常做的选择，但像她这样深入地体验生活，还需要足够的勇气和胆量。我们听她轻松地讲自己的故事，心中有无数的问题："你不害怕吗？安全吗？你胆子怎么那么大呢？"

看到她神采飞扬，我们知道不需要问这些问题，她一定是选择了最安全的计划才付诸实施，整个行程她只花费了1000多美元，她用穷游的方式看世界，她的力量足以支持她的决定。有人说她太苦了，有人说她太险了，有人说她太能折腾了，不管别人怎么说，她就这样享受着独特的生命旅程。

做义工，中国孩子的引领者

大一下学期，女儿已经初步适应了校园和学习生活，她开始走出校园，去一个公益剧院做义工。她是通过网络找到这家剧院的，去面试时，一个白人导演和一个黑人员工都在剧院里忙碌着。剧院完全靠公益基金生存，演出的剧目也多以和平、爱、化解种族歧视等为主题。到这里做义工，女儿选择了学习做剧务，就是后勤，包括舞台布景等工作。

她第一学期看了很多场戏剧，对舞台布景有浓厚的兴趣，她想学用每种工具，不管是电工还是木工，只要是没学过的，她都要学，如用电焊枪切割、爬上高梯换电灯泡、设计和拉动幕布等。她好像变成了工匠，如此迷恋动手操作的过程，哪里像个女孩子呢？

她很快跟那个黑人员工拉近了关系，他教给她很多小技巧，跟她讲自己成长和家庭的故事。直到她参加了一场面向警察的公演，了解了黑人孩子世界的戏剧后，她感受到了肤色差异下人性的美丽和善良。她每周都会选择一个下午到那里做义工，有时会有一些小创意分享给导演，导演分外欢喜。她喜欢以这样的方式了解美国社会基层民众的状况。不知不觉间，她学习和服务的视野已扩展到校园之外，她对人性、种族及公益慈善事业有了更多的思考。

回国后，她将这些经历分享给更多的人，也影响了很多人。这要从她帮助我开设青少年动力营讲起。

四年前，我被学员们推动，开始面向青春期的孩子开设暑期培训课程——“唤醒孩子内在智慧生命动力营”，开展五天四晚的集中训练。我这个年近半百的导师带着几十个十几岁的孩子，无论是体力还是精力，都受到极大的挑战。我知道自己离孩子们的世界太远了，需要年轻元素的加入，但我不想成为孩子心目中的“老朽”，总得说些孩子们喜闻乐见的事吧！

女儿成了我的老师，我把课程设计好，把思路说给她听，她提了很多意见、思路和活动方案。每次课程前后，她都会给我提修改建议，因为她更懂孩子们的需要和语言，更懂孩子们的思维节奏。慢慢地，她就成了我的助手、督导、助教、场务总监、采买员、订餐员，以及课程宣传品的设计师，我们越来越信赖她的直觉和经验，对她也越来越依赖，她给了我们这些组织课程的导师、助教们非常多的帮助。

我请她在晚上为学员们讲课，教孩子们玩画、玩生活中的艺术，分享英语学习的秘诀，分享她参加美国艺术慈善活动的所见所感，分享如何用艺术表现和平与爱……她把诸多高大上的艺术形式生活化，教孩子们学会欣赏、学会感受、学会创造，还教他们改变对生活的态度。

她讲课的时候，是孩子们最安静、最投入的时候，孩子们都“买她的账”，所有人都按照她的要求专心地参与每项活动，跟她热烈地互动。她以自在、真诚、轻松的分享，推动孩子们感受艺术之美，推动孩子们学好外语，去了解更宽广的世界……

不知不觉间，她成了孩子们的偶像——学艺术、学英语、做公益活动，会创造性地玩的偶像。鑫安姐姐被一班又一班的孩子们追随着，她点燃了很多孩子内心被压抑的梦想。每年课程结束后，孩子们各种各样的消息传来，总是跟鑫安姐姐有关：某某英语水平提高很快，获得竞赛大奖；某某执意要去学画画，短短一年竟然被艺术高校提前录取；某某放弃到新西兰留学的机会，一定要去美国看更大的世界……

一向喜欢低调做人的女儿，曾经很不习惯站在前台，成为被关注的中心。我用了很多时间引导，让她看到她对国内孩子们的影响和带动，可以成就多少孩子的梦想，她这才愿意分享她的故事。将她看见、听到的故事分享给国内的孩子，为很多人打开一片天，一片更多可能的天，这也是一种公益啊！

少年班的助教老师跟我一样，开始慢慢依赖她。女儿总是有办法解决各种困难，她踏实稳定，同时又灵活多智，她善良、真诚，同时又有主见，她动手能力超强，做道具、搞文案，都能分分钟搞定！

大二暑假期间，因为她的参与，三个阶段的课程设计框架和雏形基本完成了，也取得了非常好的效果，她知道自己的使命已基本完成，开始计划大三暑假——留在美国申请实习。课程结束的那天晚上，她有些失落：“明年我不需要回来了，助教们可以搞定了。这里不需要我了。”

我们当然希望她能回来，有她在，我们就像有定盘星。“有她在的课堂，有深深的稳定感和高雅的气息！”她带的小组，活动效果最好，她很用心又不露痕迹，很自然地传达对孩子们的爱，她也在与孩子们近距离的接触中感受到陪伴的快乐。她有些伤感，同时又放不下自己的专业发展和未来前途。

导师们用特殊的方式为她送了祝福，在那个温暖的、令人伤感的晚上。在陪伴孩子们成长的过程中，她自己也越来越放松，越来越开放，越来越愿意承担，愿意跟活生生的生命打交道，不再觉得陪小孩子是负担和麻烦。也是在与孩子们的互动中，她释放和疗愈了成长中的创伤和紧张，她的内心变得更柔软了，她甚至会自然地呈现出小孩状态，更加可爱，更加真实。

孤独而又热闹的行走者

回顾女儿这五年的成长，主要是她一个人的旅程——看似孤独而又丰富热闹的旅程。

她习惯借助网络获取需要的信息，住、行都是提前在网上查找搞定。无论是第一次去纽约，还是此后的每一次旅行，她都借助万能的网络完成，然后根据自己的时间实施，这也让她形成了独处的习惯。

初到纽约，她自己找到学校、住处，自己找到最近的宜家超市，买了生活用品，自己把纽约的地铁搞得无比清楚，没有什么事可以难倒她，她喜欢一个人说走就走的自在。上课下课，她独来独往，被一个中国女孩缠着逛商场之后，她再也不敢跟其他人一起购物了，宁愿自己到最满意的中国超市，买所有馋的东西。

从世界联合书院开始，她就不再依赖中国同胞了。她总是有自己独特的计划和行动方案，若找一个同行者，还要协调时间节奏等，太浪费时间了，她等不及。此外，总跟中国同胞在一起，很难学到新的思维和能力，出去就是为了学习，不需要互相牵扯彼此的精力。

独来独往成了她的习惯。她一个学期都没怎么跟其他同学说话，她看不惯他们抽烟喝酒混日子，不舍得用宝贵的时间混生活，于是自觉与其他同学拉开距离，只在画画上下功夫。同学了解、认识她，都是因为她的作业和作品常受老师好评，一下课，她就又跑出去实施自己下一步计划。

大一寒假时，她一个人开始了美国东部和南部海岸游。她乘火车、汽车、飞机，每到一个城市就去找自己认定的浏览地，靠自己的双腿，走了无数的街巷，体验了夜里一人独处的惊险，也被一场暴雪打断了继续行走的计划，被迫提前回到学校。在空无一人的大楼里，一个人画画、看书、编地毯，忙得很充实。那个冬天非常冷，学校关掉了大楼的暖气，她穿上所有御寒的衣服，熬过了一个难忍的寒假。

有段时间，我有些担心，这样下去是否会影响她的心理健康，建议她去找人聊聊天，她总是说不需要，跟同学没什么好聊的，不想浪费时间。我也只好作罢。我佩服她如此耐得住寂寞，多么强大的内心才能支持她每日特立独行；多么富足的内心，才能让她每日愉快地前行。

在她被一个年轻的剧社聘为舞台设计，跟一些年长几岁、研究生或本科毕业工作几年的人在一起时，她终于找到了可以聊天的对象。她兴奋地在电话中说："妈妈！现在你会明白，为什么我这三年都独来独往，因为找不到可以听懂我说话的人！现在我终于找到一群可以听懂对方说什么、又可以学到东西的人了，我太开心了！憋了三年，值了！我省了很多逛街、闲聊的时间，就是为了等现在这些知音们啊！"

她兴奋地告诉我，她如何不断地被激发灵感和思考，如何变得更有责任心、更有创意。她跟他们一起募集筹款做义演和义展，听他们激情四射地讨论剧本，看他们全情投入地排练……她的背景设计一改再改终于被采纳；她作为局外人旁观整场戏，做了一个精练的总结，被导演用作剧情介绍……她又一次被激发了创作的激情，又一次找到了在世界联合书院读书时的充实和感动。

她说："当导演说最开心的事是通过这部剧认识了我时，我感觉到了沉甸甸的信任和自豪！他们这些人太优秀了，跟他们在一起，我时刻都在成长，时刻都在吸收营养！"

我写本篇稿子时，女儿说她每天从早晨7点忙到晚上11点，充实得以小时为单位。她同时画四张画，灵感就像泉水一样不断涌出来，只有画出来，内心才会平静。她终于明白，以往之所以焦虑是因为活得太不充实，每天都很充实，收获的就是喜悦和幸福了。

据说，她担当布景的戏要在4月末演出，她最近又在网上查找各种舞台布景的材料及用途，甚至打电话请教爸爸乳胶漆和汽车专用腻子的用法，她对学新东西充满了激情，期待独立创作的过程，同时也期待戏演完后，接受学校老师的专业作品点评，她很重视这件事，那相当于为每个纯艺学生做专业水平评定，类似于艺术品鉴赏定级。大二时，她就把作品准备好了，让自己现在有时间在剧院里工作，同时又不影响参加学校点评。

她满怀希望地走在孤独而又丰富充裕的路上。

作为倾听者，我只有祝福，只有信任，也只有羡慕和期盼！

吾家有女已长成，把欣赏的喜悦分享给你，分享给未来！属于孩子们的遥远而又独特的未来！

在他们身后，我们站成一道风景！

第九章

会玩 才会创造

就是这些无数的第一次和一次次，让我成长，让我成熟，让我欢乐，让我幸福！

It is just these numerous “first times” and “time and time again” that make me grow up and give me pleasure and happiness.

冉安鑫 / 译 / 绘

纽约之行

2017年春天，我刚经历了一次手术，身体还在恢复当中，因此没有安排工作，恰逢女儿在大学毕业前有一段相对空闲期，我跟先生决定一起去纽约。女儿做好了充分准备迎接我们，她租了地铁边的公寓，让我们通过地铁熟悉纽约这座既是天堂又是地狱的都市。

这一次长达三个月的纽约之行与2012年我们三人同游欧洲的经历不同，这次女儿要上学，同时还要参加各种活动，她只能利用空闲时间带我们去她心心念念、最想带我们开眼界的地方。于是，她教我们用地铁票、看线路图。对于我们两个只认识简单英文单词的中年人来说，看着密如蜘蛛网、复杂老旧的地铁线路，实在是晕头转向。在女儿的帮助下，我们就如新生儿一样，展开所有的感官，去适应这个全新的城市。这挑战，不是一般的大。

我带着劫后余生的兴奋和全然的好奇心，主动接受这些挑战，重建自己面对复杂现实生活的神经网络。

我和先生每天一定要出门去探新奇。按照地铁线路图，我们仍常常搞错方向，没关系，鼻子下面有张嘴，不行咱就问。我们会搜寻街上的东方面孔询问，也会用越来越顺溜的英语比画着问，实在不行，就给女儿打电话，让她通过电话指导我们。

就这样莽莽撞撞的，我和先生的足迹遍及纽约市的东西南北，我们成了地铁通，想去哪里，查下地图就走。我们还坐火车去了芝加哥、华盛顿，会老朋友，见青少年营里教过的学员。在这个过程中，一直是女儿鼓励和推动着我们，我们也从最初让她操心的两个老小孩，变得越来越独立。五十年的人生经验被完全归零之后，重建网络的笨拙与喜悦，形成了巨大的反差，有无限的吸引力，让我们欢喜地体验着每一天。这新鲜的刺激，让我们慢慢建立起新的神经网络，感受到越来越自由的快乐。

对我们来说，挑战最大的是每天的午饭，我们看不懂菜单，不会点西餐，只能到处找比萨店，因为点比萨是我最在行的，我只需要看着橱窗里的样品，伸出手指对店员说“this one”或“this double，please”。感谢有比萨这种简单的食物，它陪伴我们度过了三个月——总会觉得饿的日子。

我们经历了每年春天必到的一场暴雪，看空旷的大公园里冰雪消融，天鹅与野鸭在春江水中闲庭散步；感受中央公园里沁人心脾的玉兰花香；在每个演奏乐器和卖唱艺人的摊前驻足；在艺术博物馆里感受历史和时空的交汇；在一间又一间艺术画廊里欣赏不同风格流派的艺术作品，这些作品让我们开了眼界，也拓展了我们对艺术的认知。

最开心的是跟着女儿一起去看戏剧演出，虽然我听不懂，但通过视觉和感觉，体会现场的状态，我竟然也能与现场共振，将剧情猜得八九不离十。在剧院里，我感慨很多，女儿从不买奢侈品和名牌衣服、包包，她最奢侈的消费就是排队买打折的演出戏票，享受艺术演出，以满足她对艺术的渴望和追求，我赞叹女儿如此的选择。是的，进入异域文化氛围里，才能汲取到不同文化养分，才能丰富她的生命体验，滋养她的精神世界，这是最奢侈的享受和决定。丰富的艺术演出和画展，是纽约这座艺术大都会里独有的稀缺资源，享受它，才是在享受这座城市最奢侈的资源，也是在享受全世界范围内的艺术创作资源。

我们曾经在纽约大学的华盛顿广场与一位华人教授有一场非常奇妙的相遇。那位先生好像从天而降一样，看我们像中国人，就坐在长椅上，跟我们分享一个中国学子如何在这座城市里丰富和发展自己，以真正地报效祖国。

在那个初春料峭的傍晚，我们一边瑟瑟发抖，一边如饥似渴地听他真诚的分享。素不相识的偶遇，因为熟悉的乡音，相似的面庞，他竟倾囊相授，以他二三十年美国生活的经验，给了我们极大的支持。现在想来，那也许也是他人生中一次毫不设防的分享吧，他充分享受了畅快而任性的表达——面对三个陌生的同胞，说出了可能连他自己都没想到的憋在心里许久的话。

然后，像奇迹的开始一样，暮色深沉中，他骤然告别，很快，便消失在黑夜中。我们三个面面相觑，好像做了一场梦。这次偶遇，给了女儿很多支持和引导，直到现在回想起来，那种神奇的感觉和满满的感恩，还会瞬间把我们带回到那个初春的奇遇中！

玩与创造

出生在20世纪60年代的我，为生存进行努力和奋斗，是生命的基础底色和模式。有时我觉得自己没有什么兴趣爱好，既无聊又单调。女儿则是让我羡慕的高级玩家。在她眼里，一切都是轻松好玩的，在她的巧手中，一切都可以变废为宝，瞬间就能够创造美丽和高雅。她用厨余做堆肥，把辣椒种子培育成秋天的果实；她研究无水栽培，在画室里种做午餐用的蔬菜；她好奇高楼平台上如何养蜜蜂；无数次的搬家，每次总有绿植伴着她；她自己做包、做衣服，木工、电焊、气泵等工具她拿来就用，一件件作品在她手里诞生……我既赞叹又佩服，羡慕她活得如此丰富多彩、自由自在。

丹尼尔-平克在对未来人才的研究中，谈到了六种技能：设计感、讲故事的能力、整合事物的能力、共情能力、会玩的能力、找到意义感的能力。简单说，再过二三十年，活得很好的人应该是有品位、会讲故事、能跨界、有人味儿、会玩儿，而且有点自己的小追求的人。

按照这样的标准去看今天的孩子们，怎么才能让他们赢在未来呢？我产生了强烈的愿望：我想玩，我想带着孩子们一起玩，在玩与创造中赢得主动创造幸福的能力！这件事，必须让女儿帮忙！我跟她几次电话沟通，表达我的心愿：邀请她把好玩、会玩、高雅地玩、有创造地玩的各种方法带回国内，我们娘俩一起来实现这个愿望，设计一个全新的课程，就叫“玩与创造”。我们真的是最独特的、唯一的组合：90后+60后，艺术+心理，西方+东方。我们一起创造一个自由的玩耍空间，由我来“护持”一个空间场，由她来激发大家的视觉、听觉、嗅觉、味觉等方面的潜能，把她在纯艺术专业里的知识和技能转化为艺术的启蒙和带领，带着所有学员长见识，练技能，激梦想。

也许是我的愿望足够强烈，她被我游说得有了灵感，我们一拍即合。2017年5月，我们就把这个消息传了出去，结果一发而不可收，连续几年，每年都有几十个学员，在暑假里来到五天四夜、充满无限魅力的课堂。这是一个混龄的大课堂，上至五十多岁的成人，下到六岁的孩子，有来圆玩耍梦的大人，有来学艺术的青年，有来纯玩的少年，也有跟着爸妈一起打酱油的幼童。每年都会更新的内容，真可以称为一次艺术启蒙创造的盛宴。女儿把她大学四年里关于艺术的所有创造形式，通过各种体验活动和视频，融合在一起，其中涉及香水制作、书籍装订、蓝印晾晒、手工雕塑、诗歌创作、戏剧表演、电影视频、合作能力、沟通表达，再加上我的绘画心理解读、《道德经》诵读品鉴、情绪色彩分析等。满满当当的课程，让所有学员都大呼过瘾。在大量的信息冲击下，每个人的无限创造力都被激发出来，他们利用所有眼之所及的物品，让一只钢珠通过最曲折的路径落下来，一个四年级的男孩子迷上了这个设计装置的过程，顾不上吃饭睡觉，一个人一次又一次地尝试……我们在他身上，看到了爱迪生发明灯泡时用1600多种材料做实验的内在动力。

还有很多孩子把给妈妈制作的香水带回家，感恩妈妈。孩子们的多种感官在活动和动手操作的过程中，被滋养、激发，孩子们的艺术梦在不知不觉中被唤醒。有孩子追随女儿的成长轨迹，高中报考UWC，大学去学艺术。他们就是在玩与创造的过程中，听到了内心的渴望，也启动了内心巨大的生命动力，因为他们的渴望，被激活了！

在课堂中，当大家发现平时商场里买的东西原来都是可以自己做的，自我创造的自信就被激发出来了，涉及科技、天文、哲学、心理学、文学……不同领域，不同学科，创造的意义都在好玩的视频中。女儿说，她就是在自己会做这些东西后，才放弃了对奢侈品的追求和兴趣。艺术来源于放松自在的玩耍，开心地玩会让人有极大的创造力，我们身边所用的一切物品，都是创作出来的艺术品。现在的科技，未来的发展，何尝不是艺术创造的果实呢？

课堂里的成年人，变成了老顽童，如我一样，恶补着童年缺失的玩耍和创造，让迟钝的感官慢慢苏醒。对于这个世界，我们开始有全新的视角和感觉。过去只是被动的物品使用者，现在，我们是主动参与的模仿者、创造者、感受者，乐在其中，感动在其中就是自然的了。

现在的鑫安姐姐完全接受了她作为艺术启蒙者的身份，不知不觉地进入了教育的行业，成为孩子们最盼望的老师。很多孩子直率地告诉我：鑫安老师的课比我的课好玩、好听。

我很欣然地接受他们的评价。是的，她代表着未来无限可能的创造。她当然最受欢迎、最有前途！

2022年暑假，因为疫情，她没能回国参与这个课程，但她在国内的这些教学经验，让她顺利地成为纽约政府公益教育项目的艺术家老师，她在社区里教学，带领孩子们共同玩与创作，她对这一切，已经驾轻就熟了。她的耐心与和善，深受孩子们喜欢，有孩子直接请求：“老师，你可不可以带我回你家？”

一位艺术家向唤醒艺术的教育工作者的“变身”，自然而然地完成了。

簇乐

好玩，是女儿探索与创作的原动力，一旦发现好玩的，她就会利用所有渠道穷尽所有信息，一探究竟，直到尽可能地囊括所有资料，熟练掌握这项技能为止。所以，她的自学能力超强，动手能力也超强，这成了她大学三年级就开了一家艺术创作工作室的资本。

她从互联网上发现国内生产了一种编织地毯的手持机器，这让她兴奋不已。查找到所有资料后，一回国她就飞到厂家那里，了解关于这款机器的使用情况。那一次，她带了两位美国同学同行。三人到广东去考察，了解羊毛、底布等所有材料的行情，三个年轻的女生一起跑工厂、蹲仓库、谈运输方式。在那里，她即刻决定：要开家工作室，做这款机器的代理，设计地毯，原因是：太好玩了。国外有很多人喜欢动手操作创作，她要把机器带到美国。

说干就干，她拉了同行的两位同学一起，完成了工作室的名字和商标创作“TRUE LOVE”（簇乐艺术品牌工作室），两个小时不到，就完成了工商执照的申请，属于她们的艺术创作工作室，就这样诞生了。她把这款机器背回了苏州，这像冲击钻一样的一把“枪”，举在手里，有十几斤重。她自己去木材市场买了木头，找木匠做了架子，就开工了。她像个战士一样举着“枪”，很快就把一块空白的底布变成了毛茸茸的地毯，然后参展、出售，行动力真的超牛，让我们佩服和赞叹。

炎热的夏天，她挥汗如雨，但兴奋地乐在其中，跟随“好玩”的心，如此投入和专注地在玩高雅和出彩。机器卡了壳，她自己立马拆下来修，零部件散落一地，她熟练地拆拆装装，俨然一位老到的技术工程师，好像没什么可以难倒她，她的状态本身就带有感染力。这就是跟随内心喜悦的感觉，玩耍和创造的动力。

她把这把“枪”运到了美国，带着同学们体验和尝试，组织有需要的人一起开工作坊，很快，很多不同地区和国家的人，都成了她的粉丝。他们买了机器，不会修理，她就开视频，不厌其烦地一步步指导拆卸、组装，互联网成就了她“把好玩的东西分享给更多人”的心愿，她与自己的“合伙人”，很快又带着自己设计的地毯，进入了国内精品家居市场。大热天里，她们跑上海的买手店去送货，去同济大学、上海虹桥、奉贤区社工委、杭州、苏州参展，这一切都是因为好玩，因为有新鲜的挑战，因为可以学到新东西，她们乐此不疲。于是她又多了创业者的体验，对于预算规划、成本管理等，她也被需要推动着，自学完成。她没有什么经营的压力，只是充满热情地体验玩与创造的过程而已。疫情期间，她回国一年，快乐地体验了工作室经营的乐趣；疫情过后，她回美国重续学业，也自然地放下了工作室的业务，她知道自己需要的是更深的沉淀，而不是用金钱来证明自己的价值。这就是拿得起放得下的她，只跟随自己内心的愿望和梦想，只为体验活在当下的自在。

做，多做，因做到而自信

工作有脑力劳动、体力劳动之分，脑力似乎优于体力，“劳心者治人，劳力者治于人”。古训如此，于是一代代人都教育孩子，要拼命读书，逃避体力劳动，“只要好好读书，啥也不用干”。很多父母如此教导孩子，培养出很多“四体不勤，五谷不分”的劳心者，以请保姆、找工人为高品质生活的标准，家务活也好，体力活也罢，既不想干，也不会干。这些孩子看起来活得清闲自在，但真的找不到人帮忙时，就无奈着急了。疫情期间，就有很多高智商的精英人士因不会烧饭而挨饿的笑话。只有经历过生活磨难的人才知道，一个动手能力强的人，会干事、能干事、想干事，可以随时自己动手改变局势，可以救急，是真正轻松自信的人。

女儿回国后，有一次在路边看到一位晕倒在路上的老人，她二话不说，下车走过去，帮老人家做心脏复苏，直到老人苏醒过来，之后她悄悄地离开。当家人惊叹她的勇气时，她却淡淡地说：“这有什么，我们高中时就学过急救，我会做。”

这样的故事不胜枚举。

同样是学艺术的，很多艺术专业的学生只会出设计图，付诸实施的部分都交给工人完成。完全依赖于他人，就会变得不自由。

女儿的心灵是自由的，不受阻碍和局限。比方，我心里常有“出力气的活应该男人干，机器设备、电工木工都是男人的事”这样的观念，所以很多事我都不会做，也从来不想做。

她好像从来没这些局限，她最得意的，是自己什么都能干，没有难得倒自己的事。做事情是她非常开心的事，不管遇到什么事，她都会研究一下，查资料找解决方案。所以，她的自信在于她能轻松搞定很多难题。生活常识极为丰富，有很多生活的小窍门，让她干什么都像行家里手，真的是艺不压人。在她面前，我的幼稚和低能暴露无遗，我常像被照顾的小孩，被她科普和“安利”很多新知识。我羡慕和赞叹女儿超强的动手能力，这是她生活智慧和能力强的表现，是她自爱爱人能力强的证明。她如此会生活，即便只身在外，我们也没有什么不放心的。现在，你会明白，我们为什么会对她如此信任，没有任何牵挂了吧。

她几乎每年都要搬一次家，她会把自己居住的环境弄得舒服清爽。卫生间、厨房都搞得井井有条。同住的室友总是被她带动着烧菜煮饭做卫生，变得爱生活、懂生活。她会经常收纳和清洁，不放过一处卫生死角。她也会利用休息日去清理学校的公共厨房，还会买置物架，把物品放置好。她干得开开心心，自得其乐。突然变干净的这个空间，引起了系主任的好奇，他询问并找到了“做好事的人”。

没想到的是，女儿这样的开心之举，竟然给她带来了一份意外的礼物：2021年她因疫情回国后，国内的一位家长要给自己在新加坡的女儿找一位艺术老师，这一消息被纽约女儿所在大学的一位教授了解到，这位教授推荐了我女儿。这个从国内辗转到国外，又回到国内的就职机会，对她来说有点突然，却又是必然——成人之美，一直是女儿开心主动在做的事。利益他人，分享自己拥有的资源和信息，成为别人心中"有用有趣的人"，是她随时随地都在做的事，所以她会有很多的意外机会，这也恰恰是属于她的必然。

当我写这些文字时，她已经在纽约工作了。她工作的这家机构坐落在她上大学时的PRATT艺术学院里，是专门为艺术家服务的档案中心，也是她上大学时做义工的机构之一。在几年的服务中，她给老师们留下非常深刻的印象，所以她研究生毕业找工作时，就接到了这家机构的邀请，请她做档案中心的常务管理CEO，不需坐班，每周只工作三天，跟艺术家打交道……这几乎满足了她心目中好工作的所有条件。这份惊喜，来自她一直的付出和给予，所以不是她找工作，而是最适合她的工作在寻找她。做个有用有趣、为他人服务的人，就会享受老天的厚爱。

女儿的生命状态影响着我，让我突破了自己成长创伤和父母影响的局限。当年的我，年幼时便承担了超负荷的家务，被剥夺了玩耍的童年，所以做家务在我心里是痛苦的，是唯恐避之不及的。干活是累的、苦的、没有面子的，我甚至是为了逃避干活而读书的（我常说用知识改变命运）。成家后，我也觉得时间不够用，家务活干得不情不愿。所以在女儿面前，我生活常识缺乏，笨手笨脚，总被她笑话。

她欢欢喜喜做事的状态，不知不觉间疗愈了我童年"辛苦""被迫做事"的痛苦记忆。我开始发现：做事是如此快乐的事，如此让人自信的事！当我被她感染，欣赏她时，我也开始带着专注而喜悦的心情做家务，也能安在当下了。我还发现：出生后八个月不会翻身的我，就是因为从小粗活细活都得被迫做，才获得了被动性的感统训练，所以从内心开始感恩从小被迫做事的过程！

现在我会更有力量，给课堂里与我有同样创伤的家长们换信念——支持自己和孩子快乐地动手做事，自信地做事！能做事的人是了不起的。

我坚信，一个动手能力强的人，一定是脑子灵活的人，一定是聪明人，一定是自信的人，一定是有能力爱自己和他人的人，也一定是有创造力、属于未来的大写的人！

读到这里，你也一定会有共鸣，会即刻停止阻碍孩子动手创造的言行，会引导孩子，让他爱上用自己的双手主动创造的生活。

利他，随时随地

女儿有自己的利他哲学。那是她从一本书里看到的，她非常认同，还把这本书推荐给所有玩与创造的学生。那就是：随时随地向他人和外界释放你拥有的、可以支持对方的信息。告诉对方："我有一个你或许感兴趣或需要的但暂时还不知道的信息，我想告诉你，你接受吗？"这是一个主动散发、主动给予的过程，因为我在乎你，所以我愿意奉献我拥有的价值。

她极强的好奇心，让她成为信息采集高手，她的脑中装着各种各样稀奇古怪的信息，所以不管跟谁在一起，当了解对方的兴趣需要后，她就会把自己所知道的、有用的信息告诉对方，方便对方探索和研究。

有人不明白：这是你辛苦获得的信息，为什么要无偿地给别人？

她却说："这多好啊，我开心，别人也开心。我只是信息的搜集者，顺便能帮人，发挥作用，何乐而不为呢？"

所以，她的同学都说，她像棵信息树。她会随意地说出哪家店哪道菜好吃，在什么情况下最适合吃什么，哪家店省钱又有情调；她会给寻求画廊信息的同学一个网址、某个App，或者推荐个人、推荐一本书。大家喜欢跟她在一起，看她阳光的笑脸，听她介绍新鲜奇特的信息或渠道，她总是轻易地、自然地、充满热情地做这些，让人没有负担而温暖地被支持和照顾。

她喜欢烧菜做饭，在皮尔森学院时，她就常到学校后厨去帮忙，学做西餐，她对泰国菜情有独钟。她支持一个做公益项目的好友的方式，就是帮她烧一天饭，招待那些公益参与人。她一个人买、洗、烧、清洁，照顾二十多人吃泰餐，因为大家都吃撑而得意；她会按网上的菜谱，准备一大桌中餐，请自己的同学和老师来家里吃饭。

是的，她就是个事事留心、充满热情地面对生活，又手脚勤快、肯做事、自信的人。她看事情很豁达，少评判，最喜欢说的就是“只要开心就好了”。她很少纠结，总是乐呵呵的，喜欢听人讲话，然后淡淡地补充自己的观点和看法，让人在不经意间获得启发，拓宽想法。助人于无痕，是她善意的表达。

我印象最深的是2017年寒假，她照顾手术后的我。她笑呵呵地听着我的唠叨，不否定，不对抗，不评判，这三不的“亲子导师”标准，她做得非常轻松自然。脆弱的我，被她这份陪伴和支持滋养得非常舒服而温暖。记得有天聊天时，她突然站上椅子，俯视我：“当我站在这个高度和角度看你的困扰时，我想对你说……”那一刻我大笑，瞬间被疗愈！我非常感慨：这是我在咨询中常用的抽离技术，她竟然本能地用出来，她是天生的疗愈师吗?

就是这样的状态，让她在陌生的国度有很多好朋友、好老师，让她生活得自在而充实。不同国家、不同肤色的同学都喜欢她，这并不是因为她有多么强的沟通能力。她知道自己的沟通是短板，她不会应酬和客套，没兴趣时，懒得说话，也不会主动解释，可一旦激发了兴趣，她就眉飞色舞。我曾提醒她，这样会影响日常社交。直到有一天，她自己觉察到，这种“懒得说”的模式，源自她与爸爸和家人沟通时，一卡壳，我就帮忙沟通，助她“渡过”难关。作为心理咨询师的女儿，她获得了妈妈极强的冲突解围能力的保护，但也被剥夺了自己训练的机会。现在她意识到了，就主动申请每周一次免费心理咨询服务，因为她想突破自己。

我赞叹她的那份自省力，感受着她越来越成熟、越来越有力量。

平时也有很多她的同龄人来求教与人沟通中的痛苦。我会分享女儿的故事，告诉他们：社交中，你不需要羡慕别人是“网红”，站C位。人们总是朝向能量更高的人，被比自己强、有趣的人吸引，只要你把对方没有的东西分享给他，他就会重视你的存在，你的价值就可以支持到他。你不需要巴结讨好任何人。人与人是平等的，用你的价值帮到对方，你就会获得对方的尊重。所以，若想成为受尊重的人，就要主动提升自己的境界和能力。

相聚与新的开始

2020年7月，女儿买到了回国的机票，办好了休学手续，回国了。到2021年8月，我们相守了一年的时间。终于不用一家人遥遥想念，终于了却了爸爸天天看到女儿的心愿。

回到祖国，她就东奔西跑地去参展，做活动。一年的相伴时间，过得非常快。她帮我们清理了房子，帮我们完成了又一期“玩与创造”的课程，她自己参加了上海、杭州、苏州的几次展览，为社区和大学搞活动，她第一次去了重元寺，误喝了我错带的酒精，闹了个乌龙，却与寺院里的法幢结缘，这成为她布艺装置创作的灵感来源。

她越来越钟情于三维立体的“装置”，而不再局限于平面绘画，布料里的温度和无限的创造空间，让她个人风格渐渐形成。一台缝纫机是她最好的伙伴，高产出的创作，一直是她可以随时参展的基本保证。

一年的充实忙碌，好像她也了却了很多心愿，当她决定回去时，爸爸也安心了很多。有距离的想念总是掺杂很多恐惧的成分，只有近距离的相伴，才会让彼此心安。

当她又一次回归读书路时，她竟连机场送行都不要了。她一个人提前去上海见好朋友，我们只好在家门口跟她告别。当我返回家中，帮她收拾房间时，我感慨万千：一个追求梦想的人就是这样，义无反顾地又一次离开，留下这些简单的衣物，去到一个又将漂泊但自由的空间里，无论苦与累，她都心甘情愿。家里纵有无限的温暖，无限的放松和舒服，都无法让她留下来。想让她啃老，是件不可能的事；想让她停下追寻的脚步，是件不可能的事。

做妈妈的，只能把她这些简单的衣物整理好，保持原样，放在柜子里，期待她下次归家时，看到她的东西被保存得很好。其实，她也许根本不在乎这一切，下次再回来，她也许根本不需要再穿用这些东西，这一切，只是回忆而已。

从她回去到完成硕士阶段的学业的那段时间，她申请纽约移民艺术家培养计划，与更有经验的艺术家导师互动，开始表演艺术档案的工作，兼顾着慈济基金会的策展项目，还同时为好几个展览做作品……忙碌和充实，一直是她的主旋律。

我们也开始了自己的工作，也是忙碌和充实的。她说："我对你们很放心，因为你们一直都很充实，周围有那么多人相伴，做着那么多有意义的事，我只需要跟随我的梦想就好了，不需要因为担心和照顾你们而回国，我现在还年轻，让我多体验，让我追随我的梦想吧。”

每当有亲朋好友问起她未来的发展规划，我都把这句话告诉他们。成就她的梦想，是我们唯一可以做的事。

祝福女儿。

祝福天下所有孩子。

附录

你不尝试怎会知道?

How can you know if you don't try?

—— 冉安鑫/译/绘 ——

附录A
国旗下的讲话——根植大地，幼芽破土

2010年6月5日是世界环境日（环境日的主题确定为：“多样的物种，唯一的星球，共同的未来”，英文原文为：Many species，One planet，One future)，如果你对最近发生的美国泄油事件有所耳闻，也许你就会发现环保主题占据了各大媒体的主要版面。你想到了什么呢？是否激起了你对各种事件的不同感觉？愤怒、理解、支持，还是跃跃欲试？或者置之度外，仅仅有想法，而无作为？还是认为这些事情离自己太遥远了？

我想分享两个发生在校园里的环保故事。

小高考结束后，学生会联合环保社发起高二为高一捐书的活动。各种用过的、没有用过的笔记本和辅导书，源源不断地从高二同学的手中传给高一的同学们。

几天前，我们送别高三学长时，发现了高三同学和老师剩余的复习资料。环保社召集了高二的同学，在周五中午到教师办公室进行资料的分享和回收。老师们也投入进来，给学生们赠送资料，我们听到了同学们的欢呼声、啧啧赞叹声。他们翻阅书籍，互相交流，并以迅雷不及掩耳之势，“夺”下自己想要的资料，抱在怀里。热闹的情景，引人注目。

最后，高一环保社成员们再次对资料进行分类整理、选择，并将最后一批剩余资料投入回收箱。

这类赠书活动，从高三到高二，再从高二到高一，就像从高山上流淌下的泉水，上游不断补充新资源，下游得到滋养，形成一个绿色循环——不仅循环了书籍和知识，也循环了环保意识，渲染了学校的学习氛围，使各年级联系得更紧密，使学生间加强了联系，这是一个三赢的循环。这是环保社若干活动中的一项。

本学期我们在教师办公室设了废纸回收箱；在学生群体中，主要进行废弃水瓶的回收，每个年级有数位负责人，从各个班级收集水瓶。配合积极的是初中，尤其是初二年级。三位环保负责人热情大方，利用课余时间，从高中楼跑到初中楼，一个班级一个班级地询问、收集，事后还认真记录。

他们熟悉每个班的劳动委员，说得出每一位的名字，对这些配合者报以微笑和欢呼；他们被某班学弟学妹们的热情和积极参与的态度感动，自费给学弟学妹们买零食，而且笑着对我们回忆说："他们都说谢谢姐姐，很好吃……"

我相信，在这个过程中，他们收集到的不仅仅是水瓶，还有尊重、友情、快乐，以及对环保更深的感悟与体验。

是的！以上这些也被归类为"环保"。

提到"回收"和"环保社"，也许曾经的你只想到"收瓶子的"或者"种花的"。现在你已知道，只要你参与进来，将干净的瓶子放入回收箱，考试后将草稿纸和不需要的书籍废纸定点放置，而不是泄愤一样地扔进垃圾箱……你对环保的态度、对生活的感知，就会有所不同。

我们的格林计划环保社团，加入了全球性的环保组织——“根与芽”，校内下设回收项目、有机农场种植和环保宣传项目。我们的最终目的是，环保公益与绿色种植、社团管理与经营相结合，形成一个小型创业社团，通过模拟商业运行的方式管理社团，经费自给自足，长远发展。

带着这个目标，我们邀请你加入回收和环保的生活，你能从中收获很多。不论是你无形中的回收习惯，还是感悟、经验，对你自己，对我们的校园、社会、地球来说，都是生存发展的根基啊!

让我们共同创造绿色校园，一起爱护我们的地球母亲!

冉鑫安

2010年6月7日

附录B
环保社社长感言
Chairman's Thoughts

自从高一被选为学校环保社社长，我的生命就有了全新的意义。

Since I was elected as Chairman of the school's environmental protection society, my life has been filled with a brand-new significance.

我开始走出一个人的世界，与周围的人连接；

I've started to get out of the world of one single person and communicate with people around me;

我开始主动地思考问题，并寻找更有效的解决方法；

I've started to think of questions actively and seek for effective solutions;

我所有的业余爱好都成为我工作的有力武器——摄影、绘画、做手工……

All my hobbies have become the favorable weapons for my work—photographing, drawing and handcrafting...

我开始精打细算，让每一分钱都花在刀刃上；

I've started to count every cent and make every cent count;

我开始表达，让更多的人明白我、跟随我；

I've started to express myself, getting more people to understand and then follow me;

我开始在大自然中感受生命的意义，等待一朵花开、一颗种子萌芽；

I've started to experience the significance of life in nature,waiting for a flower to bloom and a seed to sprout;

我开始全身心地体验“一分耕耘，一分收获”的真实含义；

I've started to experience the real meaning of “equal pay for equal work” wholeheartedly;

我开始把生物、化学、物理课上所学的知识在花房里验证；

I've started to test and verify what I've learned from biology, chemistry and physics in the greenhouse;

我开始考虑我周围的环境与地球、人类未来的生存；

I've started to ponder over the environment around me as well as the future existence of the earth and mankind;

我开始明白我自己和每一个人的重要性，为了人类共同的未来；

I've started to understand the importance of myself and everyone else, for the benefit of the future shared by all human beings;

我开始改变自己和周围人的每一个行为，从每张纸、每个瓶子开始；

I've started to change the behaviors of my own and everyone else's around me, from every piece of paper and every bottle;

我开始欣赏每个生命的独特和美丽；

I've started to appreciate the uniqueness and beauty of every life;

我开始主动地担起责任，去影响我周围的亲友和每一个人……

I've started to undertake responsibility on my own initiative, influencing my relatives and everyone around through my behaviors...

于是就有了生命中若干宝贵的第一次——

Then, there have appeared many precious “first times” in life—

第一次召集会议，写讲话稿；第一次搞活动，创作宣传画；第一次根据每个社员的特长分工；第一次卖废纸；第一次写计划总结；第一次到上海参加活动；第一次跟社员采摘我们种的植物，与更多人分享收获的快乐；第一次把德国学生带到学校里来；第一次做校园湿地博物馆的英文解说……

The first time to convene a meeting and prepare a speech; the first time to hold an activity and prepare propaganda paintings; the first time to divide the work as per the strong point of each member; the first time to sell waste paper; the first time to write a plan and summary; the first time to go to Shanghai and participate in an activity; the first time to pluck our plants with the society members and share the joy of harvest with more people; the first time to take German students to our school; the first time to act as an English narrator of the campus wetland museum...

当然，还有一次次的沮丧、一次次的感动、一次次的喜悦、一次次的挫折、一次次跑来跑去的辛苦、一次次不被理解的委屈与失望，以及被关爱时的温暖与幸福……

Of course, I've been depressed, moved, pleased and frustrated time and time again; I've also suffered from the hardships of travelling here and there, from injustice and disappointment of not being understood, but I've felt the warmth and happiness of being cared for and loved as well...

就是这些无数的第一次和一次次，让我成长，让我成熟，让我欢乐，让我幸福！

It is just these numerous “first times” and “time and time again” that make me grow up and give me pleasure and happiness！

这本手册记录了我作为社长的工作，是我对环保的态度、环保社经营和管理的思考痕迹，更是我成长和各项能力提升的轨迹。环保和发展对于我们自己、我们的校园、我们的国家和我们这个地球来说，是生存发展的根基啊！

This book records my work as chairman of the society. It is the trace of my consideration over the attitude towards the environmental protection as well as the operation and management of the environmental protection society, and furthermore, it is the path of my growth and the improvement of my abilities. Environmental protection and development are the foundation for the existence and growth of our campus, our country and our earth!

我会继续用自己的行动，影响更多的人，爱护绿色校园，爱护我们的地球！

I will continue to influence more people through my behaviors, getting them to take good care of our green campus and earth!

感谢林子杰老师对我的指导，感谢蔡明校长对我的支持和鼓励，感谢校学生处、总务处各位老师的引导和帮助，感谢陆敏老师对我的宽容和爱，感谢所有支持帮助过我的各位老师！还要感谢我的学长学姐对我的指导和带领，我的学弟学妹对我的信任和支持。因为有你们，我们这个稚嫩的学生社团才能越来越茁壮地成长；也是因为有你们，我才懂得了爱和支持的力量！美丽的校园，校园里每一个可爱的人和每一个可爱的空间，感谢你们走进我的生命！

I'd like to extend my gratitude to my teacher Lin Zijie for his direction, to my principal Cai Ming for his support and encouragement, to the teachers of General Office for their guidance and help, to my teacher Lu Min for her generosity and love, and to all the teachers that have supported and helped me! Also, I'd like to give my thanks to my senior schoolmates for their direction and guidance, and to my junior schoolmates for their trust and support; it is just because of your presence that this young students' organization has grown more and more sturdily; it's also because of your presence that I've come to understand the strength of love and support! The beautiful campus, every loveable person and every lovely space on campus, thank you for coming into my life!

当然，还要感谢我的妈妈，你是我最忠实的支持者和义工，你为社团做的每一次捐助和每一份工作都影响和支持着我，你让我体会到付出和给予的快乐，是你督促和帮助我完成这些资料的收集，还为我写了环保社成长的记录，多谢你，妈妈！爸爸帮我出主意、想办法、出力气，在你的行动中我感觉到了你的支持，也变得有办法多了，多谢你，爸爸！我爱你们！

Certainly I feel very grateful to my mother;you're my truehearted supporter and volunteer; each donation you make and every piece of work you do for the society has been influencing and supporting me;with you, I've experienced the joy of giving; it is you that have urged and helped me to finish collecting these data; and you have kept a record of the growth of the environmental protection society. Many thanks to you, mummy! And my father is my supporter who has contributed ideas and made great efforts; from your action, I've felt your support and therefore come up with many of my new ideas. Many thanks to you, Daddy! I love you both!

冉鑫安（Helen）

Ran Xin'an (Helen)

2011年3月2日

附录C
14岁的自白

看过了奈良的纪录片，看到那些美好的图画，再看到最后的镜头一转：现在的他变温和了，不再是原来那个叛逆的小孩子了。“现在的我……画不出原来的那些画，原来的我……也画不出现在这样的画。”

奈良作画是先将所有美丽的色彩加入其中，然后经过无数次的涂改，将它们变为朴实的颜色。

大概每张画都是如此。

这于工作便是褪尽浮华的过程吧。

那天晚上，我终于产生了一个想法：我想过许多不同人的life style，有otaku，有奋发向上的，有随心所欲的。在为自己想出路时，我也会想，可不可以不上高中去干活……

但我终究只能选择一种，纵然我的生活还很长，我想经历的却很多，而且，是now，就要有的，一方面又害怕浪费时光……

于是，我为自己选择的是，先做一个好学生，至少要热爱生活、社会和家人。现在的我恐怕还没有更多的才能，支撑自己独自一人生活，去享受孤独和自己的生活。

而我也没有和家人待足，我还是想念他们。

也许哪天，我经历了别样的生活，还是会选择回这个吧，但是我是不会后悔的。

我就是想试试。昨晚，画了张画，是for mother's birthday present。

想这样对她说，我想过不一样的人生，但是是以文字、画的形式，这是另外一个我。

如果我是美丽的，叛逆的，孤独的，丑的，学习不好的，抑郁的，灰色的……

不管我是怎样的，希望你还爱我（我想是的）。

冉鑫安

2008年8月1日

两年前看到女儿写的这篇文章，我很有感触，还打印了出来。时隔两年又读到此文，我有了更深的感触。我流着泪，忍不住又打一遍。我可以感觉到，一个正在成长的孩子，在选择自己的生活模式，在孤独地体验和抉择，在寻找自己的生活面具，在渴望与束缚中挣扎。一个渴望体验的灵魂，一个对生命负责的孩子，我知道你的文字是你的一部分，你也许不知道，你一直在推动着我去了解和探究自己，我不能帮到你什么，你却让我看到了我一个又一个需要放下的过去。

在参加完真女人工作坊之后，我对自己和你有了更深的体会。孩子，我爱你，不管你是怎样的，我都爱你，我感恩你用这样的方式陪伴我、影响我、帮助我。

你什么都有了，只要去体验就好了。在体验之后，你就会找到最适合自己的路和使命。

亲爱的宝贝！我爱你！你用生命来引导我，多谢了！

2010年9月9日

附录D
带着"农场梦"走进世界联合书院
——高二女生"非典型"成才路的启示

《姑苏晚报》2011年3月29日首席记者沈渊

2011年3月28日，苏州中学园区校的高二女生冉鑫安成功"闯关"，以苏州唯一名额被有全球少年精英"摇篮"之称的世界联合书院（UWC）加拿大分院——皮尔森学院录取，且获得全额奖学金。这个17岁女孩有过人的智商，还是有超群的能力？且听她的妈妈——心理名师吴文君细述女儿的"非典型"成长路。

享受面试：聊自己喜欢的事很过瘾

回忆UWC面试的过程，冉鑫安用"享受"来形容自己的感受。经过层层筛选，全市有6名同学进入最后的面试，形式是大家围在一起聊，话题是即兴的，全英文表述。"她自始至终都很开心，觉得好过瘾。聊社团，聊绿色环保，聊服务生命，再从生命聊到中国传统哲学思想，谈老子和孔子，天人合一，反正都是她做过或正在做的、感兴趣的东西，完全是水到渠成，自然发挥。"吴文君老师告诉记者："鑫安丰富的知识面、思考问题的广度和深度，应该很契合评委的标准。"

低调女生：热心绿色的环保社社长

冉鑫安拿到了唯一的名额！苏中园区校的不少老师都觉得意外。因为在人才济济的学校里，这个女孩并不是特别显眼的那一类，低调、话不多，甚至有点“宅”，成绩也不是最拔尖的。“她也不是班干部，但班级需要什么，她会不声不响地带去添上。”也就是这个不声不响的女生，高二时成了学校环保社社团“根与芽”的社长。幼年谈理想时，鑫安说：“长大了，想去美国的农场晒太阳。”爸爸妈妈没有嘲笑她，反而鼓励她好好学英语，关注动、植物，以后做个“农场主”。“兴趣是最好的老师，她由此对绿色环保事业充满了热情。”妈妈说。原本内向的女儿会带着她的社员们去全校每个班级收集废纸，和收废品的小摊主讨价还价，把卖废品的钱换成各种蔬菜花草的种子在校园里种植。“苏中园区校的应试氛围不浓，尊重学生的兴趣，特地为他们建了‘农场’。很可贵的是，这里的老师们有爱心、有胸襟，更有童心，学生有需要时总是给予支持，鑫安很幸运。”吴老师说。

快乐成长：起跑线上“笃悠悠”不领先

“她当然不是神童，无论是智商或者精力，都很平凡。”妈妈说。从事心理教育的妈妈不管多忙都坚持自己带女儿，也培养了女儿从小爱阅读的好习惯。“她读得快而杂，四年级出于兴趣自己开始背一点老子的《道德经》，小学高年级时差不多每天可以读一本书。”爱读书的鑫安在初二前学习成绩却一直平平，小学时在班级里排20名左右，“‘小升初’要面试，她数学成绩明显落后了一大截，不得不恶补一番。”“高一时，在物理上又遇到了些麻烦……”不过，对于女儿在分数上的这些小麻烦，身为心理老师的妈妈并没有太焦虑。“爱阅读的孩子学习不会差到哪里去，我一直这么想。”

妈妈心得：培养不如陪伴

吴老师称对女儿基本“放养”：“几乎没有‘不可以’，她想做我们就让她去做，但会提醒她承担责任和后果，事实上也没啥出格的事。你给孩子空间、信任和选择的自由，她也会更谨慎。”在吴老师看来，每个孩子的能量或者潜能都很大，“与其说培养，不如说是孩子自己成长的；身为家长，陪伴他成长，给予一些引导，在他需要的时候不要指责，给他帮助就行了。”“因为我是一个陪伴者，所以女儿和我无话不谈，我们会平等地讨论一些话题，我会鼓励她自由独立地思考。”作为一个资深的青少年心理教育专家，吴文君老师接触了大量的案例。“现在的问题是有些家长太焦虑，也太强势，他们害怕孩子受挫，哪怕一点点，所以他们习惯替孩子做选择，包办一切。”她提醒家长：“你要陪着他走，他走不稳时，你可以扶一下，但你不能抱起他，更不能代替他走。”

后记

2011年4月开始编写这本书，一转眼已经一年多了。在这一年中，经历了很多事。女儿已经在外读书8个月了。前几天，她在电话中跟我分享最近的收获，她一直纠结的选专业的事，终于有些眉目了。她发现，自己内心深处一直有“学艺术很难找工作的‘恐惧’”，当跟几个不同国家的同学沟通、交流后，她发现这是“中国式的”，是“中国学生的群体恐惧”。她明白自己为什么一直不想学艺术了，原来自己害怕被别人轻视，自己一直努力学数学、学物理，是为了向老师和同学证明“我也是好学生，一等一的好学生”。她说在国内读书时，感觉很多人认为，一等学生学理科，二等学生学文科，只有三等学生才学艺术。她一直不甘心变成三等学生，所以一直把画画当成纯粹的玩乐。

同学们提醒她“艺术潜能”与“物理”“数学”潜能一样，也是对人类有贡献的，她好像突然从以往的恐惧中跳了出来，明白了为什么每天在画室待七八个小时都不觉得累和孤单。出国后，她自学油画，每幅画都那么有感觉。她终于接受了自己对画画和艺术的热爱，这有可能成为她未来的职业方向。她变得轻松了很多，但我感觉到她仍有些紧张，就一字一顿地对她说：“宝贝，妈妈郑重地告诉你，你的任务就是去寻找自己最喜欢、最适合的事，用这些来服务这个世界！你不需要用考名校向我们证明任何东西，我们也决不让你为了谋生去学自己不喜欢的专业，一辈子做自己不喜欢的事！你只管去尝试好了，不需要活在生存的压力和恐惧里。人活着只是为了谋生，这定位太低了。人来到这个世界，要用自己最适合、最擅长的特质，为这个世界服务。做喜欢的事、擅长的事，你会带着热爱和激情，你会完全投入，你会忽略对物质的依赖，你怎么会找不到工作呢？你怎么会养不活自己呢？我都不相信！要是你真因为选择了自己的事业和爱好无法谋生，你放心，爸爸妈妈会养你！”听了我这段话，女儿在那边长舒了一口气，马上说：“谢谢妈妈！那我就没有担心了！”

放下电话，我内心有很多感慨。在多元的文化环境中，孩子开始放松，开始愿意接受真正的自己了。太好了！她一直在思考“如何改造和帮助这个世界”，实现这个志向，必须以负责和真诚为前提，只有找到自己的特质，才可能真正地做自己，为世界做有用的事；从生存的恐惧中解放出来，她才会全力以赴地做自己，她开始探索了。

我们带着爱和祝福，分享她独特的生命体验和探索。

当我又一次修改这份书稿时，很多章节仍然让我怦然心动。回顾女儿17年的成长历程，让我对生命、命运有了更清晰的认识。发生的每件事，遇到的每个人，每一个时空转换，都恰到好处，超越了好坏、对错、是非评判。

做父母，是如此美妙的生命历程：呵护一颗生命的种子，给予她适宜的时间和空间，让她经历风吹雨打的磨砺，看她发芽，看她抽枝，看她向着阳光一路向上舒展、绽放。除了欣赏，还有陪伴，要相信她的生命力，允许她长成一棵独立的树！在陪伴和欣赏中，我也重塑了自己，丰富了自己，再一次体验了生命的美丽！

说不尽的感恩，为所发生的一切！说不尽的感恩，为出现在我生命中的每一个人！

给予我们生命的爸爸妈妈，你们是最好的爸爸妈妈！谢谢你们给我们生命，让我们有机会做爸爸、做妈妈！也谢谢你们把善良和勤劳传给我们的女儿！

给予我智慧的李中莹老师，谢谢您对我的爱护与指导，帮我女儿种下爱艺术的种子！

给予我信任的学员朋友，谢谢你们对我的推动和支持！

感恩爱我们、爱我女儿的所有亲友！

感恩女儿的所有老师，因为你们的爱和肯定，她变得更自信！

感恩吴守云老师和她的先生，在百忙中帮我校读这本书稿，感恩苏志芳老师帮我最后定稿！

感恩马百岗编辑，为我重新修改书稿，提出很多独到的意见和建议，让这本书可以服务更多有需要的人。这本书属于所有人！

感恩，鞠躬！

冉宪海　吴文君

2012年4月19日